L'ANNÉE

BAC

1983

L'épreuve de français :
sujets corrigés
et conseils pratiques
pour les séries A, B, C, D et E
(Première et Terminale)

par

Françoise FRÉMONT-VERGOBBI

Ancienne élève de l'E.N.S.
Agrégée de Lettres

D1665866

Boraas

QUELQUES CONSEILS DE MÉTHODE

LES INSTRUCTIONS OFFICIELLES

Dans chaque série, le candidat a le choix entre trois sujets de composition française :
- un résumé ou une analyse, puis une discussion ;
- un commentaire de texte ;
- un essai littéraire.

Les deux premiers sujets reposent sur l'étude d'un texte qui, appartenant ou non au programme, a son unité et son caractère. Le troisième sujet permet au candidat d'évoquer librement les textes de son choix.

AVANT L'ÉPREUVE

On n'improvise pas le jour de l'examen une méthode de travail. Il faut s'être astreint pendant l'année à une discipline ; les quelques automatismes ainsi acquis compensent le handicap de l'énervement.

1. Il est essentiel d'abord de *ne pas se limiter pendant l'année au choix d'un seul type de sujets,* sous prétexte qu'on s'y sent plus à l'aise. Tel élève traitera par exemple toujours le premier sujet, considérant qu'il a peu de culture littéraire, et que quelques connaissances générales lui suffiront à aligner des idées pour la discussion... Mais on constatera que ce sujet requiert quelquefois une connaissance des problèmes littéraires ou de l'histoire de la littérature aussi poussée que le troisième sujet (cf. les sujets proposés dans les académies de Besançon ou de Lyon). Pour parer à toutes les éventualités, il faut donc essayer d'acquérir une technique pour chacun des trois types de sujets.

2. En cours d'année, il serait bon, si vous en aviez le temps, que vous établissiez *des fiches,* pour mieux utiliser vos connaissances au moment adéquat. Servez-vous pour cela des corrigés de devoirs, d'explications faites en classe, et de vos lectures personnelles — car il est, bien sûr, essentiel de lire. Vous pouvez établir une liste de rubriques recouvrant des sujets qui reviennent toujours sous une forme ou une autre (attention, ce ne sera pas une raison pour ramener tous les sujets à une question que vous aurez déjà traitée !). Ce système de fiches est surtout utile pour traiter les premiers et troisièmes sujets.

© Bordas, Paris, 1983 ISBN 2.04.015218.0.

Voici, par exemple, quelques titres de fiches :
- pour les problèmes de la vie moderne : la culture, l'éducation, l'enfance, la science et le progrès, le sport...
- pour les problèmes littéraires : l'utilité de la littérature, la lecture, la pérennité de l'art, le but de l'œuvre littéraire, littérature et engagement, littérature et morale, l'écrit et l'image... sans compter une fiche au moins par genre littéraire.

Ainsi, chaque fois que vous rencontrerez un exemple illustrant une idée particulière, vous le consignerez dans votre fiche. Vous parviendrez ainsi à maîtriser un peu mieux vos connaissances et à les mobiliser le moment venu.

3. Nous vous conseillons aussi de vous habituer *à rédiger rapidement,* pendant trois heures tout au plus et, dès le milieu de l'année, à ne rédiger qu'introduction et conclusion au brouillon : pour le reste, il vaut mieux essayer d'écrire directement sur votre copie, en gardant toujours votre plan sous les yeux (en cours de devoir, il est toujours possible de « travailler » au brouillon les phrases qui ne seraient pas venues naturellement).

4. Enfin, *il faut avoir des notions claires sur la façon dont on doit traiter un sujet.* Il est évident qu'on attend d'un élève de Première le maniement d'une langue correcte et claire. Mais on prête aussi une grande attention à la rigueur de l'organisation du devoir. Il est primordial d'établir un plan. Nous avons tenu à marquer, dans de nombreux corrigés, les articulations du développement. Pour passer de ces plans à une dissertation, il vous faudrait rédiger une introduction, supprimer les titres de chaque partie, introduire des transitions et étoffer la conclusion.
- L'introduction : elle doit être rédigée rapidement, dès que vous aurez choisi le thème directeur de votre travail. Soyez simple et direct : il faut poser le sujet, comme si le lecteur ne le connaissait pas, mais éviter d'en reproduire l'énoncé. Par ailleurs, ménagez l'intérêt de votre lecteur, et ne dévoilez pas le but vers lequel vous tendez. Seule la façon dont vous posez le problème peut faire deviner l'orientation que vous choisirez.
- Les transitions : ne les négligez pas. Elles permettent au lecteur de suivre votre raisonnement.
- La conclusion : il faudrait la rédiger, au moins dans ses grandes lignes, après votre introduction ; votre but bien défini, vous dévierez moins facilement et cela vous évitera de clore hâtivement un devoir à la dernière minute, comme cela arrive trop souvent. Une conclusion doit « faire le point » d'une démonstration, ou dégager ce qu'on a retenu d'un commentaire. Elle devrait aussi, lorsque c'est possible, élargir la perspective du devoir, amorcer un prolongement de la réflexion engagée et menée à ce terme.

LE JOUR DE L'ÉPREUVE

1. Le choix du sujet.

Attention aux sujets qui s'apparentent « un peu » à une question traitée pendant l'année. La perspective peut en être très différente !

Puisez bien sûr dans votre « provision » d'exemples, mais évitez de réciter des développements tout faits, qui vous conduiraient à passer « à côté » du sujet.

2. Utilisez bien votre temps.

• Choisissez votre sujet après une lecture attentive. Un quart d'heure doit vous suffire à cela. Vous ne devez pas revenir sur votre décision par la suite.
• Pour la relecture, il vous faut prévoir un quart d'heure au moins.
• Pour le reste, essayez de bien répartir votre temps. Si vous avez choisi le premier sujet, comptez une heure ou un peu plus pour le résumé ou l'analyse, une heure pour la recherche des idées et la construction d'un plan. La rédaction de la discussion occupera le reste de votre temps. Si vous avez choisi les deuxième ou troisième sujets, prévoyez une heure pour la recherche des idées, une demi-heure pour leur organisation sous forme de plan, et deux heures pour la rédaction... Et surtout, utilisez tout votre temps !

3. Enfin, soignez la présentation matérielle de votre devoir.

PREMIER SUJET
RÉSUMÉ OU ANALYSE
PUIS DISCUSSION

QUELQUES CONSEILS

Les instructions officielles

Le premier sujet porte sur un texte de deux pages environ qui présente des idées ou des sentiments.

On évitera, notamment pour l'épreuve anticipée, un texte qui pose de manière abstraite de vastes problèmes philosophiques, multiplie les allusions savantes, use indiscrètement d'un jargon spécialisé. S'il s'agit d'un passage d'une œuvre, sa compréhension ne devra pas exiger la connaissance de cette œuvre.

On retiendra un texte qui éveille l'intérêt des jeunes gens et répond aux besoins de leur formation, dont la composition soit claire et forme — autant que possible sans coupures — un tout cohérent, dont la langue et le style soient aisément accessibles. Sur les points délicats, des notes pourront introduire des éclaircissements.

L'épreuve comprend deux parties : dans la première, le candidat doit faire, selon sa préférence, un résumé ou une analyse du texte ; dans la seconde, il doit tirer du texte la matière d'une discussion.

Comment les appliquer ?

Pour ce devoir qui comporte deux parties, une présentation très claire est d'abord ce qui s'impose :
• indiquez nettement si la première partie est un résumé ou une analyse du texte ;
• séparez les deux parties du devoir ;
• indiquez avant la discussion le thème de réflexion que vous avez choisi.

PREMIÈRE PARTIE, LE RÉSUMÉ OU L'ANALYSE

Dans les deux cas, il vous faudra faire preuve de fidélité — vous avez à donner une image du texte, et non à le commenter — et de concision.

Vous vous demandez sans doute quelle doit être la longueur de votre condensé : comme la circulaire ministérielle vous y invite, inquiétez-vous surtout de dégager l'essentiel de la pensée de l'auteur, en éliminant les exemples, les images, les petits détails.

5

Sachez cependant qu'il est admis qu'une analyse atteigne jusqu'au tiers du texte. Un résumé doit être beaucoup plus court.

— *La méthode de travail.*

• Lisez le texte avec attention.

• Reprenez-le, en soulignant au crayon les formules essentielles, en encadrant les articulations logiques : il vous faut dégager une ossature du passage. C'est à ce stade que vous vous déciderez pour le résumé ou l'analyse.

• Rédigez un premier condensé, en évitant de procéder à une juxtaposition de phrases : il faut obtenir une suite logiquement enchaînée.

• Relisez-vous : une première rédaction est souvent trop longue et il est possible, par un travail de style, de condenser ce qui est écrit. N'oubliez pas de vérifier si vous ne déformez pas la pensée de l'auteur.

• Enfin, après une dernière lecture, vous pouvez recopier.

— *La différence entre les deux exercices.*

• Dans un *résumé,* l'ordre des idées ne doit absolument pas être transformé. Chacun des points du texte doit être nettement souligné par un mot de liaison. Le résumé convient aux passages présentant une forte articulation logique.

• Dans une *analyse,* il faut dégager l'idée principale du texte et rendre sensible l'organisation de la pensée de l'auteur autour de cette idée. Un plus grand recul est nécessaire. On choisit l'analyse pour des passages trop « touffus » pour être résumés. On se demande alors quelle a été l'intention de l'auteur, et on la signale, pour en faire le pivot de l'analyse.

DEUXIÈME PARTIE : LA DISCUSSION

Puisque vous avez bien dégagé les thèmes pour réussir votre résumé ou votre analyse, il vous reste à choisir celui que vous pouvez traiter. Soyez sûr, avant de vous lancer, que vous aurez suffisament d'arguments pour votre essai. Éclairez la pensée de l'auteur, et proposez vos propres réflexions, toujours en vous appuyant sur des exemples. Ne vous croyez d'ailleurs pas obligé d'adopter un avis contraire au texte. Vous pouvez simplement apporter des réserves : votre opinion compte à vrai dire moins que votre façon de la dégager et de la présenter.

ACADÉMIE D'AIX-MARSEILLE

LE TOURISME, UNE RENCONTRE MANQUÉE ?

Avec le tourisme, les tendances fondamentales de la société de consommation sont en train de pénétrer notre société [1]. Les touristes sont des Occidentaux en vacances, venus vivre une semaine de loisirs pour oublier les fatigues et les soucis de l'année. Le touriste est un travailleur en liberté. Ayant trimé tout le long de l'année, il change de cadre, de régime, de système et de genre de vie. Ce faisant, il introduit un comportement de société de gaspillage au sein d'une société en pénurie. Ce choc des sociétés riches et des sociétés pauvres n'est plus ici un scandale théorique, découlant d'une analyse académique. Il est une réalité quotidienne. Le moindre petit objet que possède le touriste représente une fortune ou un rêve pour beaucoup de ceux qui sont appelés à le servir et à le côtoyer : qu'il s'agisse d'un ballon de plage, d'un drap de bain, d'un bâton de rouge à lèvres ou d'une paire de lunettes. Il y a, à bien réfléchir, quelque chose de diabolique dans cette tentative permanente et dans cette invite à goûter aux charmes indiscrets, mais encore interdits, de la société de consommation.

Ainsi, dans une enquête sur la délinquance juvénile, il nous est apparu impossible de ne pas retenir le tourisme et la tentation perpétuelle qu'il représente comme un facteur notable de l'inconduite de nos jeunes délinquants. Nous avions alors souligné que la délinquance juvénile ne ressortissait nullement de la nécessité de satisfaire des besoins élémentaires et immédiats, mais plutôt des besoins secondaires nés de l'accession à une autre mentalité, à de nouveaux types de comportement, à une nouvelle vision du monde.

Autre aspect, le rôle du tourisme dans l'évolution des mœurs est indéniable. Le touriste vient pour s'amuser, il lui faut des « boîtes de nuit », des « dancings », des « night-clubs ». Et pour créer animation et « ambiance », le public local est toujours le bienvenu. Les censeurs ne manquent d'ailleurs pas pour vitupérer ces lieux de « dépravation et de débauche ». On aurait tort cependant d'imputer au seul tourisme une tendance qui nous semble beaucoup plus générale.

Si l'impact du tourisme sur les valeurs et attitudes traditionnelles est réel, il faut se garder de le rendre responsable de tout ce qui ne va pas. Le facteur touristique précipite l'évolution de la société et sa modernisation. Il va dans le même sens que le courant historique qui entraîne l'ensemble de la société. C'est un catalyseur plus qu'autre chose. Le problème est surtout de savoir si le tourisme, en accélérant le rythme d'une évolution à notre sens inéluctable, ne contribue pas à emballer une machine soumise déjà à des mouvements contradictoires. La création de nouveaux besoins est inscrite dans le processus même du développement. L'idéal serait que de nouveaux besoins n'apparaissent pas avant que la société ait dégagé les moyens d'y faire face. En tant qu'industrie, le tourisme est appelé à créer ces moyens, mais en tant que phénomène social, il a tendance à réduire

1. L'auteur de cet article est M. Boudhiba, professeur de sociologie à l'Université de Tunis.

l'impact des moyens ainsi créés en suscitant l'apparition de besoins prématurés. Le problème demeure de savoir si le tourisme, qui est un système de production orienté vers la satisfaction de la consommation des autres, peut se développer dans un climat d'austérité, économique ou moral.

Sur un autre plan, on peut dire que le tourisme est une rencontre manquée. Le tourisme est un moyen d'accès à l'autre. Il est l'occasion d'un dialogue pacifique et amical qui n'a pas toujours eu lieu dans le passé. Aussi l'éducation du public, et plus particulièrement des milieux en contact direct avec les hôtes, vise-t-elle à élever à un degré aussi haut que possible le sens de l'accueil, de la courtoisie, de la serviabilité, mais aussi de la fermeté, de la dignité et d'une saine fierté nationale.

Aussi voudrions-nous que le tourisme soit rencontre et non pas promenade. La rencontre fonde une dialectique de la révélation. Chacun, le touriste qui vient en hôte dans mon pays tout comme moi-même, s'exprime dans sa propre culture. Et il faut qu'il en soit ainsi ; car c'est le choc de la rencontre de l'autre qui lui révèle par différence ce qu'il est. Malheureusement, il n'en va pas toujours ainsi, car le touriste ne répond que très imparfaitement à notre attente. Pour une raison très simple qui tient aux motivations profondes qui l'animent. Le touriste, au fond, est venu pour le pays, il n'est pas venu pour les hommes.

Finalement, le touriste est un homme qui passe et qui ne voit rien. Et d'ailleurs que cherche-t-il sinon à être confirmé dans ses propres préjugés, à retrouver ses propres habitudes de confort et jusqu'aux fausses images qu'il transporte avec lui sur le pays qu'il visite ?

Extrait d'un article paru dans le *Courrier de l'UNESCO*
en février 1981.

L'épreuve comprend deux parties :

1. Vous présenterez de ce texte soit un *résumé,* soit une *analyse,* en indiquant clairement votre choix.

2. Pour la seconde partie de l'épreuve intitulée *discussion,* vous dégagerez de ce texte un problème qui offre une réelle consistance, vous en préciserez les éléments et vous exposerez vos vues sous la forme d'une argumentation ordonnée, illustrée d'exemples et menant à une conclusion.

Corrigé

REMARQUE

L'enchaînement logique des idées de ce texte est aisément repérable. On choisira donc la formule du résumé.

THÈMES DE RÉFLEXION SUGGÉRÉS

• L'évasion touristique : simple changement de décor, ou ouverture sur le monde ?

• A la détente des uns correspond le travail des autres : ceux qui « consomment » des loisirs en sont-ils assez conscients ?

• Le tourisme dans la société de consommation : n'est-il pas souvent une recherche artificielle de bonheur ?

richesse du réel et l'irremplaçable originalité des choses et des êtres — et créant du même coup cette richesse pour notre émerveillement » : la transfiguration « poétique » du monde. Se reporter aux corrigés des troisièmes sujets des académies de Lille (le poète est un déchiffreur), Nantes (les écrivains ont un regard neuf sur le monde), Nice (ils éprouvent et font éprouver la joie de la découverte du monde), Rennes (le roman est un mensonge artistique qui opère une stylisation du monde).

ACADÉMIE DE BESANÇON

On a tort à mon avis d'accuser la littérature contemporaine de peindre les hommes plus noirs qu'ils ne sont. Ce n'est pas, de loin, son vice le plus grave. Il est exact que les romans d'aujourd'hui décrivent avec prédilection des fripons, des imbéciles et des lâches. Il n'est pas faux qu'ils abondent en descriptions obscènes et que le sexe y tient une grande place. Mais celle qu'il tient dans la vie n'est pas négligeable et la vie fournit les tristes modèles que le roman dépeint avec une prédilection non moins nette. Je ne crois pas que les romanciers exagèrent sensiblement la proportion des criminels, des naïfs et des faibles, qu'il est normal de rencontrer dans une société quelle qu'elle soit : il arrive rarement que les saints et les héros y forment la majorité. On blâme de temps en temps la littérature présente de prêcher une morale relâchée. Fort pertinemment et de façon tout à fait convaincante, quelqu'un s'avisa récemment de la comparer à celle que traduisent, perpétuent et consacrent les proverbes, où chacun reconnaît sans scandale la sagesse des nations. Celle-ci s'y révèle pourtant d'un cynisme alarmant. C'est au point qu'on ne peut guère imaginer morale plus proche de l'immoralité. Nul cependant ne songe à incriminer les proverbes : on admet qu'ils correspondent à une expérience. Mais la littérature n'est-elle pas dans ce cas ? N'exprime-t-elle pas, elle aussi, une expérience ?

Ce n'est pas, du reste, par hasard que la société persécute de leur vivant les héros, les sages et les saints ou, du moins, qu'elle les fait fuir. Est-ce parce qu'elle se souvient de les honorer après leur mort qu'elle s'estime fondée à exiger des écrivains qu'ils choisissent ceux-ci pour personnages de leurs œuvres ? Se montrerait-elle exigeante seulement pour la littérature ? Car, enfin, il ne semble pas que la morale moyenne qu'elle réclame de ses membres soit particulièrement stricte ou élevée. Elle ne surveille pas trop leur conduite. Elle laisse à chaque individu une assez large autonomie, sa vie privée, où il peut agir comme il lui plaît sans que les pouvoirs l'inquiètent. Ils ne sont là que pour un contrôle tout extérieur qui permet la plupart des lâchetés et qui ne retient que les plus grosses exactions. Par les plus grosses, je veux dire les plus voyantes, nullement les plus graves. C'est offrir, on l'avouera, un vaste champ à l'indélicatesse. Presque tous en profitent autant que les y invite leur sentiment de la prudence. Voici, dans ses traits essentiels, l'inévitable condition de la société.

Aussi, dès que la littérature se donne pour but de tracer un tableau exact et fidèle de celle-ci, elle est conduite à négliger les perfections intimes et presque invisibles qu'elle pourrait y découvrir au profit des mœurs assez sordides et, j'y reviens, nécessairement telles, où elles sont comme perdues. Or, il est loisible de prétendre que ces perfections rares et secrètes ne constituent nullement pour l'art un sujet préférable aux autres et qu'il n'a aucunement l'obligation d'en vanter les mérites. On admettra qu'elles élèvent le niveau moral de l'humanité, mais pour souligner que l'art obéit à d'autres devoirs, qui lui sont propres. Enfin, rien n'interdit d'imaginer que ces perfections mêmes (qui sont celles de la sagesse, de l'héroïsme ou de la sainteté) en viendront à tomber de leur côté dans un profond discrédit et qu'on les regardera comme autant de sottes illusions. Qui osera penser alors qu'il appartient aux mensonges de l'art de leur rendre le prestige qu'elles n'ont pas su conserver ?

Roger Caillois, *Babel,* chap. I, « La littérature se meurt », 1946.

Vous ferez de ce texte un *résumé* ou une *analyse,* à votre gré, en prenant soin d'annoncer votre choix.

Vous tirerez ensuite de ce texte un sujet précis de réflexion. Vous en préciserez les données et vous exposerez vos vues personnelles sur la question en les illustrant d'exemples.

Corrigé

RÉSUMÉ

Certains reprochent à la littérature de notre temps de présenter la société pire qu'elle n'est. Mais il m'apparaît que, si les romans se complaisent dans l'évocation des tares les plus diverses, ou dans l'impudeur, c'est à l'image de la vie : les scélérats et les médiocres existent bien, et plus nombreux que les bons.

Autre grief : la littérature serait porteuse d'un laxisme contagieux. Mais, après tout, des formules aussi consacrées que les proverbes n'offensent pas moins la morale. Elles ne sont pourtant pas suspectées : sagesse pratique, pense-t-on. Ne peut-on aussi invoquer ce poids de la réalité au sujet de la littérature ?

D'ailleurs, les hommes à la conduite exemplaire ne sont pas traités avec beaucoup d'égards par ceux mêmes qui veulent que la littérature en fasse ses héros. Car cette exigence de perfection ne se retrouve pas dans la vie : excepté les cas extrêmes, la société est très conciliante envers les individus, qu'ils se conduisent bien ou mal — ce qui arrive le plus souvent. Pourquoi ne le serait-elle donc pas pour une littérature reflet de la réalité ? D'ailleurs, les rares traits de noblesse morale n'ont pas à fournir une matière privilégiée à l'artiste. Celui-ci se conforme à des critères particuliers, indépendants d'une éthique du reste précaire.

THÈME DE RÉFLEXION SUGGÉRÉ

• Art et moralité : cf. ce que disent Zola (« Dès qu'un auteur a du talent, j'estime que tout lui est permis ») ou Gide (« C'est avec de beaux sentiments qu'on fait de la mauvaise littérature »). Le vrai but de l'art est-il dans ce souci ? Pour juger une œuvre, le critère essentiel doit être celui de la beauté, plutôt que celui de l'utilité.

ACADÉMIE DE BORDEAUX

Selon votre préférence, résumez le texte en suivant le fil du développement ou faites-en une analyse qui, distinguant et ordonnant les thèmes, s'attache à rendre compte de leurs rapports. Inscrivez nettement en tête de l'exercice le mot « résumé » ou le mot « analyse ».

Choisissez ensuite un problème qui ait dans ce texte une réelle consistance et auquel vous attachez un intérêt particulier ; vous en préciserez les données et vous exposerez, en les justifiant, vos propres vues sur la question. Cette seconde partie sera précédée du titre : « discussion ».

J'ai de fortes objections au féminisme tel qu'il se présente aujourd'hui. La plupart du temps, il est agressif, et ce n'est pas par l'agression qu'on parvient durablement à quelque chose. Ensuite, et ceci sans doute vous paraîtra paradoxal, il est conformiste, du point de vue de l'établissement social, en ce sens que la femme semble aspirer à la liberté et au bonheur du bureaucrate qui part chaque matin, une serviette sous le bras, ou de l'ouvrier qui pointe dans une usine. Cet homo sapiens [1] des sociétés bureaucratiques et technocratiques est l'idéal qu'elle semble vouloir imiter sans voir les frustrations et les dangers qu'il comporte, parce qu'en cela, pareille aux hommes, elle pense en termes de profit immédiat et de « succès » individuel. Je crois que l'important, pour la femme, est de participer le plus possible à toutes les causes utiles, et d'imposer cette participation par sa compétence. Même en plein XIXe siècle, les autorités anglaises se sont montrées brutales et grossières envers Florence Nightingale [2], à l'hôpital de Scutari : elles n'ont pas pu se passer d'elle. Tout gain obtenu par la femme dans la cause des droits civiques, de l'urbanisme, de l'environnement, de la protection de l'animal, de l'enfant, et des minorités humaines, toute victoire contre la guerre, contre la monstrueuse exploitation de la science en faveur de l'avidité et de la violence, est celle de la femme, sinon du féminisme, et ce sera celle du féminisme par surcroît. Je crois même la femme peut-être plus à même de se charger de ce rôle que l'homme, à cause de son contact journalier avec les réalités de la vie, que l'homme ignore souvent plus qu'elle.

Je trouve aussi regrettable de voir la femme jouer sur les deux tableaux, de voir, par exemple, des revues, pour se conformer à la mode (car les opinions sont aussi des modes) qui publient des articles féministes supposés incendiaires, tout en offrant à leurs lectrices, qui

1. Homo sapiens : cette expression désigne, dans l'évolution de l'humanité, l'Homme parvenu au stade de la connaissance.
2. Florence Nightingale : célèbre infirmière anglaise, symbole du féminisme.

les feuillettent distraitement chez le coiffeur, le même nombre de photographies de jolies filles, ou plutôt de filles qui seraient jolies si elles n'incarnaient trop évidemment des modèles publicitaires ; la curieuse psychologie commerciale de notre temps impose ces expressions boudeuses, prétendument séduisantes, aguicheuses ou sensuelles, à moins qu'elles ne frôlent même l'érotisme de la demi-nudité, si l'occasion s'en présente.

Que les féministes acceptent ce peuple de femmes-objets m'étonne. Je m'étonne aussi qu'elles continuent de se livrer de façon grégaire à la mode, comme si la mode se confondait avec l'élégance, et que des millions d'entre elles acceptent, dans une inconscience complète, le supplice de tous ces animaux martyrisés pour essayer sur eux des produits cosmétiques, quand ils n'agonisent pas dans des pièges, ou assommés sur la glace, pour assurer à ces mêmes femmes des parures sanglantes. Qu'elles les acquièrent avec de l'argent libre-ment gagné par elle dans une « carrière » ou offert par un mari ou un amant ne change rien au problème. Aux États-Unis, je crois que le jour où la femme aura réussi à interdire qu'un portrait de jeune fille qui fume d'un petit air de défi pousse le lecteur de magazines à s'acheter des cigarettes que trois lignes presque invisibles au bas de la page déclarent nocives et cancérigènes, la cause des femmes aura fait un grand pas.

Enfin, les femmes qui disent « les hommes » et les hommes qui disent « les femmes », généralement pour s'en plaindre dans un groupe comme dans l'autre, m'inspirent un immense ennui, comme tous ceux qui ânonnent toutes les formules conventionnelles. Il y a des vertus spécifiquement « féminines » que les féministes font mine de dédaigner, ce qui ne signifie pas d'ailleurs qu'elles aient été jamais l'apanage de toutes les femmes : la douceur, la bonté, la finesse, la délicatesse, vertus si importantes qu'un homme qui n'en possèderait pas au moins une petite part serait une brute et non un homme. Il y a des vertus dites « masculines », ce qui ne signifie pas plus que tous les hommes les possèdent : le courage, l'endurance, l'énergie physi-que, la maîtrise de soi, et la femme qui n'en détient pas au moins une partie n'est qu'un chiffon, pour ne pas dire une chiffe. J'aimerais que ces vertus complémentaires servent également au bien de tous. Mais supprimer les différences qui existent entre les sexes, si variables et si fluides que ces différences sociales et psychologiques puissent être, me paraît déplorable, comme tout ce qui pousse le genre humain, de notre temps, vers une morne uniformité.

M. Yourcenar, *Les yeux ouverts*.

Corrigé

RÉSUMÉ

Je conteste la forme actuelle du féminisme. Il emploie l'attaque, or ce moyen ne réalise rien de solide. Et contrairement à l'opinion commune, il n'a pas de vues originales car la femme, méconnaissant leur nocivité, cherche à suivre les modèles de vie de l'homme des temps modernes, gui-dée comme lui par le souci du gain et de la réussite. Ce qui compte c'est que la femme collabore aux tâches intéressantes, et que ce fait soit dû à ses aptitudes. Ce n'est pas le féminisme mais la femme qui gagnera dans la défense de la vie et de toutes ses formes, car je pense que son approche quotidienne des nécessités matérielles la rend plus apte à cela.

Je suis fâchée de trouver des journaux présentant des sujets d'un féminisme virulent pour suivre les tendances du jour, et autant de clichés de filles possédant tous les attraits exigés par la publicité. Je suis surprise de voir les féministes supporter la femme objet, se plier à la mode. Je pense que la femme aura gagné lorsque son image ne sera plus utilisée pour entraîner les consommateurs.

Je ne m'intéresse pas à ceux qui critiquent « les hommes » ou « les femmes » présentés en bloc. Chaque sexe a des qualités dominantes, quelquefois absentes chez certains représentants, mais cependant dispensées en moindre importance au sexe opposé. Il me semble très regrettable d'effacer l'originalité de chaque sexe.

THÈMES DE RÉFLEXION SUGGÉRÉS

- L'agressivité : facteur de réussite ou d'échec ?
- « Faux » et « vrai » féminisme.
- Le manque d'esprit critique entraîne des contradictions dans la vie quotidienne.
- Le risque attaché à la définition de « vertus spécifiques », attribuées à chaque sexe.

ACADÉMIE DE CAEN

Raconter sa vie est une satisfaction qu'on se refuse difficilement. C'est la preuve qu'on a bien existé et qu'un interlocuteur est là, prêt à s'intéresser à vous. Les grands hommes — et aussi les moins grands — ont toujours brûlé de s'adresser au reste des mortels en écrivant leurs mémoires. Les autres, les gens ordinaires, se satisfaisaient du public plus restreint de la veillée familiale ou du comptoir de bistrot.

Mais, maintenant, cette relativité des destins individuels n'est plus de mise. L'idée s'est imposée que toutes les vies se valent et sont bonnes à raconter. L'histoire d'un paysan ou d'une cuisinière est aussi riche de sens et d'humanité que celles d'un chef d'État ou d'un prix Nobel. Les grands moyens d'information sollicitent les citoyens de base. L'homme de la rue est devenu un témoin capital et la ménagère une héroïne de la radio.

Les médias ne sont pas les seuls à vouloir démocratiser ainsi les personnages de leur répertoire. Les sciences humaines suivent le même chemin. Historiens, sociologues, ethnologues [1], linguistes, vont interroger les paysans et les ouvriers, les femmes du peuple, les artisans. Des chercheurs viennent recueillir méticuleusement les débris de ces existences de quatre sous, qui se sont écoulées dans la peine et l'obscurité et sur lesquelles auparavant personne ne levait les yeux. D'où vient donc ce goût subit pour les « récits de vie », pour ces histoires anonymes, pieusement sauvées de l'oubli et reconstituées avec soin ? [...]

L'idée de faire parler les personnes âgées est apparue naturellement lorsqu'on s'est aperçu qu'avec l'accélération de l'histoire des pans entiers de notre passé sombreraient dans l'oubli, lorsque ces derniers témoins auraient disparu. Les paysans de Corrèze, les mineurs de Lorraine, les artisans de Paris, étaient un peu comme les Indiens d'Amazonie : des espèces en voie d'extinction. Recueillir les souvenirs de cette génération charnière entre le modernisme et la tradition devenait urgent. Leurs propos seraient pour l'avenir des documents inestimables. Ils constitueraient les archives sonores d'une époque définitivement révolue.

[...] Ces récits de vie permettaient de mesurer l'impact des événements et des mutations sur les individus, de donner de la chair aux descriptions des grands bouleversements politico-économiques. Ils montraient que l'histoire n'est pas une machinerie abstraite, un mouvement grandiose et anonyme conduisant l'humanité vers un destin collectif, mais une somme d'expériences individuelles, un jeu compliqué fait de souffrances et de passions, de volontés contradictoires, dans lequel chacun, à sa place, tient un rôle, si modeste soit-il.

Ce mouvement correspondait aussi à un accent nouveau mis sur l'histoire sociale, sur le rôle historique de couches de la population considérées jusqu'à présent comme des exécutants passifs. Donner la parole aux pauvres, aux humiliés, aux sans-voix, c'était les faire entrer dans l'histoire, leur rendre leur dignité d'acteurs à part entière de l'épopée collective. Le recours au récit de vie a une valeur militante. C'est un acte politique. C'est manifester qu'il y a plusieurs histoires, que les grands de ce monde, les nantis, ne sont pas les seuls propriétaires du passé : c'est rendre au peuple ce qui lui faisait le plus cruellement défaut : la parole.

Frédéric Gaussen, *Le Monde Dimanche,* 14 février 1982.

Rédigez de ce texte soit un *résumé* qui respecte l'ordre des idées telles qu'elles sont présentées, soit une *analyse* qui regroupe les idées essentielles. (Précisez nettement en tête de votre copie la formule que vous avez choisie.)

Vous dégagerez ensuite un problème auquel vous attachez un intérêt particulier, vous en préciserez les données et vous exposerez, en les justifiant, vos propres vues sur la question.

---

1. *Ethnologue :* spécialiste dont les travaux ont pour objet la connaissance de l'ensemble des caractères de chaque ethnie, afin d'établir des lignes générales de structure et d'évolution des sociétés.

Ethnie : groupement de familles dans une aire géographique variable, dont l'unité repose sur une structure familiale, économique et sociale commune, et sur une culture commune.

RÉSUMÉ

Les hommes ont toujours relaté leur existence avec plaisir, les plus illustres par écrit, les autres oralement.

Aujourd'hui on porte de l'intérêt à toute destinée. Radios, télévision suscitent les déclarations d'humbles individus.

Les scientifiques en font autant et rassemblent les témoignages de vieilles gens pour garder la mémoire de conditions de vie à jamais disparues des sociétés modernes.

Ainsi on peut comprendre que l'évolution des temps n'est pas une abstraction car chaque être s'y insère avec ses réactions.

C'est aussi redonner à la masse sa place dans l'histoire à côté de ceux qui sont à sa tête et lui permettre d'exprimer sa valeur.

THÈME DE RÉFLEXION CHOISI

« L'idée s'est imposée que toutes les vies se valent et sont bonnes à raconter » : l'histoire et les vies anonymes.

INDICATIONS

Certes cette affirmation a des fondements. L'histoire socio-économique a un grand intérêt. Toutes les vies humaines se valent donc de ce point de vue ; mais, même sur le simple plan psychologique, certaines retiendront plus l'attention : les personnalités sont différentes… Par ailleurs, et surtout, tous les hommes n'ont pas le même poids dans l'histoire. L'évocation de certaines vies, limitées à un point dans l'espace géographique et social, ne pourra faire connaître que les mentalités rencontrées à cet endroit précis. D'autres existences, plus riches par la diversité des contacts qu'elles ont connus, et par l'étendue des responsabilités qui ont été les leurs, fourniront des renseignements autrement nombreux. L'histoire de la vie de la mère de Staline donnerait l'idée de ce que pouvait être une pauvre femme de Géorgie au XIXe siècle ; la biographie de son fils au contraire aide à la connaissance de toute la première moitié du XXe siècle ; on apprend des péripéties touchant des millions d'hommes et de kilomètres carrés, et on a la réponse à de nombreuses questions que l'on pouvait se poser.

On ne peut donc « mettre de côté » l'histoire événementielle, qui fait ressortir des vies dites « importantes ». Sans dénier son intérêt à une histoire socio-économique, on se demandera si le succès un peu trop exclusif que cette dernière rencontre actuellement ne fait pas négliger des aspects intéressants de l'expérience humaine…

ACADÉMIE DE CLERMONT

C'est une étrange chose que l'écriture. Il semblerait que son apparition n'eût pu manquer de déterminer des changements profonds dans les conditions d'existence de l'humanité ; et que ces transformations dussent être surtout de nature intellectuelle. La possession de l'écriture multiplie prodigieusement l'aptitude des hommes à préserver les connaissances. On la concevrait volontiers comme une mémoire artificielle, dont le développement devrait s'accompagner d'une meilleure connaissance du passé, donc d'une plus grande capacité à organiser le présent et l'avenir. Après avoir éliminé tous les critères proposés pour distinguer la barbarie de la civilisation, on aimerait au moins retenir celui-là : peuples avec ou sans écriture, les uns capables de cumuler les acquisitions anciennes et progressant de plus en plus vite vers le but qu'ils se sont assigné, tandis que les autres, impuissants à retenir le passé au-delà de cette frange que la mémoire individuelle suffit à fixer, resteraient prisonniers d'une histoire fluctuante à laquelle manqueraient toujours une origine et la conscience durable du projet.

Pourtant, rien de ce que nous savons de l'écriture et de son rôle dans l'évolution ne justifie une telle conception. Une des phases les plus créatrices de l'histoire de l'humanité se place pendant l'avènement du néolithique : responsable de l'agriculture, de la domestication des animaux et d'autres arts. Pour y parvenir, il a fallu que, pendant des millénaires, de petites collectivités humaines observent, expérimentent et transmettent le fruit de leurs réflexions. Cette immense entreprise s'est déroulée avec une rigueur et une continuité attestées par le succès, alors que l'écriture était encore inconnue. Si celle-ci est apparue entre le IIIe et le IVe millénaire avant notre ère, on doit voir en elle un résultat déjà lointain (et sans nul doute indirect) de la révolution néolithique, mais nullement sa condition. A quelle grande innovation est-elle liée ? Sur le plan de la technique, on ne peut guère citer que l'architecture. Mais celle des Égyptiens ou des Sumériens n'était pas supérieure aux ouvrages de certains Américains qui ignoraient l'écriture au moment de la découverte. Inversement, depuis l'invention de l'écriture jusqu'à la naissance de la science moderne, le monde occidental a vécu quelque cinq mille années pendant lesquelles ses connaissances ont fluctué plus qu'elles ne se sont accrues. On a souvent remarqué qu'entre le genre de vie d'un citoyen grec ou romain et celui d'un bourgeois européen du XVIIIe siècle il n'y avait pas grande différence. Au néolithique, l'humanité a accompli des pas de géant sans le secours de l'écriture ; avec elle, les civilisations historiques de l'Occident ont longtemps stagné. Sans doute concevrait-on mal l'épanouissement scientifique du XIXe et du XXe siècle sans l'écriture. Mais cette condition nécessaire n'est certainement pas suffisante pour l'expliquer.

Si l'on veut mettre en corrélation l'apparition de l'écriture avec certains traits caractéristiques de la civilisation, il faut chercher dans une autre direction. Le seul phénomène qui l'ait fidèlement accompagnée est la formation des cités et des empires, c'est-à-dire l'intégration dans un système politique d'un nombre considérable d'individus et leur hiérarchisation en castes et en classes. Telle est, en tout cas, l'évolution typique à laquelle on assiste, depuis l'Égypte jusqu'à la Chine, au moment où l'écriture fait son apparition : elle paraît favoriser l'exploitation des hommes avant leur illumination. Cette exploitation, qui permettait de rassembler des milliers de travailleurs pour les astreindre à des tâches exténuantes, rend mieux compte de la naissance de l'architecture que la relation directe envisagée tout à l'heure. Si mon hypothèse est exacte, il faut admettre que la fonction primaire de la communication écrite est de faciliter l'asservissement. L'emploi de l'écriture à des fins désintéressées, en vue de tirer des satisfactions intellectuelles et esthétiques, est un résultat secondaire, si même il ne se réduit pas le plus souvent à un moyen pour renforcer, justifier ou dissimuler l'autre.

Il existe cependant des exceptions à la règle : l'Afrique indigène a possédé des empires groupant plusieurs centaines de milliers de sujets ; dans l'Amérique précolombienne, celui des Incas en réunissait des millions. Mais, dans les deux continents, ces tentatives se sont montrées également précaires. On sait que l'empire des Incas s'est établi aux environs du XIIe siècle ; les soldats de Pizarre n'en auraient certainement pas triomphé aisément s'ils ne l'avaient trouvé, trois siècles plus tard, en pleine décomposition. Si mal connue que soit l'histoire ancienne de l'Afrique, nous devinons une situation analogue : de grandes formations politiques naissaient et disparaissaient dans l'intervalle de quelques dizaines d'années. Il se pourrait donc que ces exemples vérifiassent l'hypothèse au lieu de la contredire. Si l'écriture n'a pas servi à consolider les connaissances, elle était peut-être indispensable pour affermir les dominations. Regardons plus près de nous : l'action systématique des États européens en faveur de l'instruction obligatoire, qui se développe au cours du XIXe siècle, va de pair avec l'extension du service militaire et la prolétarisation. La lutte contre l'analphabétisme se confond ainsi avec le renforcement du contrôle des citoyens par le Pouvoir. Car il faut que tous sachent lire pour que ce dernier puisse dire : nul n'est censé ignorer la loi.

Lévi-Strauss, Tristes Tropiques.

L'épreuve comprend deux parties :

1. Vous ferez d'abord de ce texte, à votre gré, un *résumé* (en suivant le fil du texte) ou une *analyse* (en reconstituant la structure logique de la pensée, c'est-à-dire mettant en relief l'idée principale et les rapports qu'entretiennent avec elle les idées secondaires). Vous indiquerez nettement votre choix au début de la copie.

2. Dans une seconde partie, que vous intitulerez *discussion*, vous dégagerez du texte un problème qui offre une réelle consistance et qui vous aura intéressé(e). Vous préciserez et vous exposerez vos propres vues sous la forme d'une argumentation ordonnée étayée sur des faits et menant à une conclusion.

RÉSUMÉ

Apparemment, l'écriture permet aux peuples qui l'ont acquise de connaître et de dominer tout leur passé, et par-là même de faire des progrès spectaculaires.

Mais en réalité, les hommes du néolithique, qui ignoraient l'écriture, étaient cependant parvenus à un stade avancé de civilisation ; en revanche, après la découverte de l'écriture, nos civilisations ont stagné jusqu'au récent avènement de la science.

Un seul trait de civilisation qu'on associe toujours à l'écriture est la création de diverses unités politiques capables de contrôler l'homme, de le dominer et de le rendre esclave de leurs projets, architecturaux par exemple.

Quant à l'existence de véritables empires dominateurs dans l'Afrique ancienne ou dans l'Amérique précolombienne, elle ne constitue pas une exception à ce phénomène : en effet, le pouvoir de ces empires était mal affermi. Aujourd'hui encore, les progrès de l'alphabétisation sont liés à la volonté qu'ont les États de dominer les peuples.

THÈMES DE RÉFLEXION SUGGÉRÉS

• L'écrit : un pouvoir de contrainte, ou de libération ? (L'instruction obligatoire permet peut-être à l'État de s'exercer, mais à plus long terme, elle favorise la naissance de l'esprit critique.)
• Une théorie paradoxale : n'est-il pas normal que des évolutions capitales aient eu lieu au début des sociétés humaines, quand tout était à faire ? Et qu'en est-il de la « stagnation » des civilisations de l'Occident ?
• Mémoire du passé et marche vers l'avenir.

ACADÉMIE DE DIJON

L'épreuve comprend deux parties :
1. Vous ferez d'abord de ce texte, à votre gré, *un résumé* (en suivant le fil du texte) ou *une analyse* (en reconstituant la structure logique de la pensée, c'est-à-dire en mettant en relief l'idée principale et les rapports qu'entretiennent avec elle les idées secondaires). *Vous indiquerez nettement votre choix au début de la copie.*
2. Dans une seconde partie, *que vous intitulerez « discussion »*, vous dégagerez du texte un problème qui offre une réelle consistance et qui vous aura intéressé(e). Vous en préciserez les éléments et vous exposerez vos vues personnelles sous la forme d'une argumentation ordonnée, étayée sur des faits et menant à une conclusion.

MON PLAISIR DE LIRE

Deux cents romans français nouveaux, la moitié d'étrangers, des buissons épais de biographies, de récits historiques, d'analyses politiques ou de recueils de poèmes. La rentrée des livres présente tous les signes extérieurs de bonne santé solide.

On se plaindrait plutôt de suralimentation que de famine. Quand les étalages croulent sous autant de produits divers, il est bien difficile de faire son choix et de repérer dans les amoncellements le fruit rare. Celui qu'on attendait sans savoir, conforme à notre goût ancien et révélateur d'un goût nouveau.

C'est ici que le critique peut servir à quelque chose. A aider tout d'abord au premier tri. A repérer les bouquins surgelés, calibrés, programmés, à la saveur standard. Des livres pour fast food [1]. Il en faut, il n'en manque pas. Ils permettent souvent aux éditeurs de gagner assez d'argent pour supporter les pertes des autres, de ceux qui ne répondent pas aux normes, qui ont la peau rugueuse, la couleur étrange. Ceux qu'on ne consommera pas mais qu'on risque d'aimer.

A cet endroit, le critique se sent frôlé par l'aile de l'imposture : il a bûché comme un âne, pioché dans ses piles de livres, il est gavé de phrases inutiles, de confidences autobiographiques dont il n'a que faire, de passions totalement étrangères et de mots sans grâce, et il lui faut encore aimer et pire : faire aimer. Trouver, comme le disait Gracq, « cette inflexion de voix juste qui me fera sentir que vous êtes amoureux, et amoureux de la même manière que moi : je n'ai besoin que de la confirmation et de l'orgueil que procure à l'amoureux l'amour parallèle et lucide d'un tiers bien disant ».

Pour descendre des hauteurs où respire — si fort, si libre ! — Julien Gracq, admettons que le critique se trouve dans la situation d'un buveur, saoulé de piquette, abruti de mélanges inavouables et qui devrait, dans sa morne ivresse et de sa gueule pâteuse, célébrer les beautés secrètes d'un cru rare.

Mais revenons à l'amour, puisqu'il ne s'agit jamais que de ça. Puisque la lecture me paraît encore, à ce jour et sans espérer qu'on trouvera mieux, le plaisir le plus comparable au plaisir amoureux. Question de temps, de rythme d'abord. La musique, les spectacles vous imposent le leur, le livre vous accompagne. Libre à vous de galoper sur ses lignes jusqu'à la page finale, de vous exalter de sa vitesse ou bien au contraire de vous en imprégner lentement, de revenir en arrière, de laisser vibrer en vous jusqu'au silence la corde qui a trouvé l'ébranlement juste, d'engager des conversations, d'ébaucher des complicités, d'allumer des fâcheries et de susciter des réconciliations.

On n'y gagne rien ? Non, précisément. Un livre ne rend ni plus intelligent, ni plus riche, ni plus cultivé, malgré la légende. Rien à voir avec les cours du soir et la formation permanente. Un livre ne rend ni meilleur, ni pire, ni plus ou moins apte à affronter les difficultés de l'existence. Rien à voir avec l'édification morale ou les recettes de savoir-vivre. C'est pure dépense. Simplement, lorsqu'un livre, comme une passion, donne l'illusion que l'on a multiplié sa vie, il se trouve que cette illusion est vraie.

Le genre littéraire est indifférent, je veux dire qu'il diffère selon les personnes, voire, chez une même personne, selon les époques et les humeurs. Barthes m'empourpre sensuellement autant que Stendhal ou Chateaubriand, et la Méditerranée de Fernand Braudel me paraît

---

1. Fast food : désigne aujourd'hui des lieux de restauration rapide.

aussi chargée de poésie que les *Mille et une nuits*. L'amour des livres est fatal, polymorphe et infidèle. Seule compte la perdition du moment.

Il paraît que, pour la première fois depuis très, très longtemps, les Français, cette année, ont acheté moins de livres. Signe de crise passager, restriction des budgets ou bien première manifestation de cette extinction de la Galaxie Gutenberg annoncée par les prophètes de l'audiovisuel [1] ? Les civilisations meurent : tant mieux, tant pis, on n'y peut rien. Mais la perte du plaisir serait irréparable. Quand j'en sens, de plus en plus insistante, la menace, je résiste, je prends le maquis : je lis Gracq, par exemple, qu'on ne lit jamais assez : « Une histoire de la littérature, contrairement à l'Histoire tout court, ne devrait comporter que des noms de victoires, puisque les défaites n'y sont une victoire pour personne. »

Pierre Lepape, *Télérama n° 1708,* 6 octobre 1982.

Corrigé

REMARQUE

C'est par un résumé qu'on rendra compte de ce texte.

THÈMES DE RÉFLEXION SUGGÉRÉS

- La nécessité d'un esprit critique, d'un discernement dans la lecture.
- Le plaisir de la lecture : *cf.* le troisième sujet de l'académie de Poitiers.
- L'inutilité de l'œuvre d'art.

ACADÉMIE DE GRENOBLE

Traduttore, traditore [2] n'est pas une vaine formule, mais l'affirmation d'une nécessaire réalité. Toute traduction est trahison, mais trahison peut-être créatrice quand elle permet au signifiant [3] de signifier quelque chose même si le signifié [4] original est devenu insignifiable. Or toute lecture hors contexte est à quelque degré traduction.

Autrement dit, l'éternelle querelle des adaptations n'a pas de sens. L'adaptation n'est qu'un cas particulier de la lecture. En projetant sur le couple Hector-Andromaque la mythologie de l'ancien combattant et de la veuve de guerre, Giraudoux a certainement trahi Homère, mais il l'a fait vivre d'une vie authentique pour de nouveaux lecteurs. Il peut arriver même qu'on élimine ce qui était perçu par l'auteur

---

1. La Galaxie Gutenberg : l'univers de l'imprimerie et des livres, selon la formule de Mac Luhan.
2. Traduttore, traditore : le traducteur est un traître.
3. Signifiant : support matériel du sens.
4. Signifié : contenu intelligible du signifiant.

comme essentiel, et qu'on garde l'accessoire. C'est le cas de *Robinson Crusoé* et des *Voyages de Gulliver* dont on n'a gardé que l'ornement maritime et exotique à l'usage de la littérature enfantine, en oubliant, parce qu'elle paraissait difficilement transmissible, leur signification implicite profonde. Mais le cinéma soviétique n'a pas eu de mal à inventer un Gulliver engagé dans la lutte des classes et la robinsonnade a été utilisée depuis trois siècles pour illustrer toutes sortes d'idéologies auxquelles Defoe est en apparence bien étranger.

En apparence seulement, car ce n'est pas n'importe quelle œuvre qu'on peut trahir, ni n'importe quelle trahison qu'on peut imposer à une œuvre. Tout texte informationnel peut être l'objet d'un contresens, mais alors l'information est détruite. Il n'y a que sur une œuvre littéraire qu'on puisse greffer des sens nouveaux sans détruire son identité.

C'est ainsi qu'on est conduit à reconnaître un (...) critère de la spécificité littéraire : est littéraire une œuvre qui possède une « aptitude à la trahison », une disponibilité telle qu'on peut, sans qu'elle cesse d'être elle-même, lui faire dire dans une autre situation historique autre chose que ce qu'elle a dit de façon manifeste dans sa situation historique originelle.

Bien entendu cette disponibilité n'est pas inépuisable. Ce que nous appelons des œuvres éternelles sont celles dont le contenu latent n'est pas encore épuisé. On peut seulement dire qu'une œuvre est d'autant plus littéraire — c'est-à-dire littérairement « bonne » — que sa disponibilité et donc sa faculté de communication est plus durable et plus étendue.

Il est possible de fonder sur cette observation un critère de valeur. Elle explique en tout cas pourquoi une œuvre peut avoir immédiatement un très grand succès en un temps et en un lieu, puis disparaître à jamais, alors qu'une autre œuvre peut faire confidentiellement le tour du monde et franchir les siècles pour ressurgir soudain comme une source jaillissante parmi des foules insoupçonnées. Qui lit de nos jours Casimir Delavigne, un des auteurs les plus populaires en France vers 1830, alors que Stendhal, peu connu de ses contemporains, écrivait dans le même temps pour les happy few [1] : *Le Rouge et le Noir* qui, au cours de la seule année 1966, a été republié une fois en Allemagne, en Hongrie, au Japon, en Pologne, en Roumanie, en Grande-Bretagne, en Tchécoslovaquie, en Turquie et en Union Soviétique, deux fois en Espagne et en Italie ? (...)

Il serait certes dangereux de limiter la qualité littéraire de l'œuvre à la diachronie [2] du succès. L'immédiat de la communication, qui permet à chaque individu d'un groupe social de trouver dans la lecture l'aliment quotidien d'un dialogue entre sa liberté d'une part et la représentation d'un aspect de la situation historique vue à travers la conscience de l'écrivain d'autre part, peut être aussi source de valeur.

Robert Escarpit, *Le littéraire et le social.*

---

1. L'heureux petit nombre.
2. L'évolution dans le temps.

L'épreuve comprend deux parties.

1. Vous ferez d'abord de ce texte, à votre gré, un *résumé* (en suivant le fil du développement) ou une *analyse* (en mettant en relief la structure logique de la pensée). Vous indiquerez nettement votre choix au début de la copie.

2. Dans une seconde partie, que vous intitulerez discussion, vous dégagerez du texte un problème qui offre une réelle consistance et qui vous aura intéressé. Vous en préciserez les éléments et vous exposerez vos vues personnelles sous la forme d'une argumentation ordonnée menant à une conclusion.

Corrigé

RÉSUMÉ

Tout lecteur est aussi un traducteur et un traître, en ce sens qu'il donne à une œuvre un autre sens que celui proposé par l'auteur. Par ailleurs, souvent on adapte au public un ouvrage qui ne « passe » plus tel quel, que ce soit au théâtre, dans le roman ou au cinéma, et ce, jusqu'à en oublier parfois l'intention première. Mais attention : seul un texte littéraire peut être interprété de la sorte, sans que l'intérêt fondamental en soit altéré. Et d'ailleurs, plus une œuvre suscite de traductions diverses selon les époques, plus sa valeur littéraire est grande. De là vient qu'un livre plébiscité au départ peut tomber dans l'oubli général, alors qu'un autre ouvrage, tout à fait méconnu en son temps, peut connaître par la suite un succès universel. Mais indépendamment de sa vie dans les siècles, une œuvre peut avoir du prix de par son retentissement direct chez un lecteur déterminé.

THÈME DE RÉFLEXION SUGGÉRÉ

• La lecture : « greffer des sens nouveaux » sur une œuvre littéraire.

ACADÉMIE DE LILLE

Les institutions politiques et économiques d'un pays ne peuvent constituer à elles seules la démocratie : elles n'en sont que le cadre. En vérité, il n'y a pas de démocratie sans démocrates. Le propre de la démocratie est d'être volontaire et la démocratie est d'abord un état d'esprit.

De quoi est fait cet état d'esprit ? Avant tout d'un intérêt profond pour le destin de la communauté à laquelle on appartient et du désir d'y participer à tous les niveaux (compréhension, décision, action), du sentiment qu'une vie humaine sera toujours amputée si elle reste bornée à un horizon individuel, de la conviction aussi que ce monde n'est pas le meilleur possible, que plus de raison et de justice doivent y régner et qu'il faut lutter pour les faire triompher. Tel est l'esprit civique que Montesquieu appelait vertu ou amour de la République, c'est-à-dire de la chose publique.

Mais dès lors que le citoyen entend ne pas rester replié sur sa vie privée, il est prêt à accepter certaines disciplines : assumer le secrétariat d'un groupe ou seulement décider d'y adhérer, consacrer temps et efforts à une œuvre parfois ingrate ou austère, sacrifier des heures prises sur le loisir et le repos.

La journée de travail n'est plus ce qu'elle était au siècle dernier ; elle rend possible cet exercice plus généralisé de la démocratie. Il appartient aux citoyens d'utiliser une partie du temps gagné pour préparer un avenir où les hommes disposeront de plus de temps encore et de plus d'ouvertures sur le monde.

Le travail dans un groupe, la pratique d'une responsabilité, l'expérience d'une action exercée sur les autres, la réussite d'une entreprise commune, la victoire sur des forces adverses constituent autant d'affirmations de soi et apportent, à celui qui s'y est donné, la satisfaction de se connaître utile à la collectivité.

C'est l'esprit civique tel qu'il se manifeste surtout dans les nouvelles générations. Car il est vrai que les déceptions accumulées depuis des années et les illusions perdues ont détourné beaucoup de jeunes gens de l'idéologie abstraite et des discussions sur les principes, en faveur de positions réalistes tournées vers les faits et les démonstrations concrètes. Ils n'ont pas moins d'esprit civique que leurs aînés, mais ils entendent l'exercer directement sur des réalisations et des objets précis. Ils se passionnent pour les problèmes d'aménagement, d'équipement, d'organisation de leur région et de leur activité professionnelle. Il faut non seulement reconnaître ces nouvelles données humaines, leur permettre de se manifester et de s'épanouir, mais leur adapter les institutions locales et nationales.

Sans doute, aussi, faut-il voir dans l'exercice de cette démocratie démultipliée, un moyen de combattre l'étrange ennui qui s'abat parfois sur certaines sociétés contemporaines.

Un responsable, un militant, n'a guère l'occasion de s'ennuyer même quand il fait des démarches ennuyeuses. Il échappe à la passivité, à l'inertie. Il devient un de ces hommes « plus libres parce que plus engagés » ; il est habité par l'image d'un combat exaltant auquel il participe pour gagner un avenir qu'il aura bâti lui-même.

Car c'est bien de quoi il s'agit en dernier ressort : le citoyen est un homme qui ne laisse pas à d'autres le soin de décider de son sort et du sort commun. Parce qu'elle dépend essentiellement de la volonté des citoyens, parce qu'elle suppose un effort permanent, la démocratie n'est jamais acquise. On ne peut jamais se reposer sur elle, s'endormir en elle.

Pas plus qu'elle ne peut être acquise, elle ne peut être parfaite. Il n'existe pas de démocratie atteinte et accomplie une fois pour toutes. Elle est ce vers quoi on tend, ce qui demeure à l'horizon.

Mais aussi parce qu'elle n'est jamais pleinement acquise, la démocratie est toujours menacée. Par ses adversaires, sans aucun doute. Mais bien plus encore par la négligence ou l'inertie des citoyens. Eux seuls peuvent la faire vivre, en la portant jour après jour, dans une action incessante de solidarité.

Pierre Mendès France, *La République moderne*, 1962.

Vous ferez de ce texte un *résumé* ou une *analyse,* en indiquant nettement votre choix au début de la copie.

Puis vous choisirez un problème étudié ou abordé dans le texte ; vous en préciserez les données et vous exposerez, en le justifiant, votre point de vue personnel.

Corrigé

RÉSUMÉ

La démocratie est affaire d'hommes plus que de structures. Il s'agit en effet de se préoccuper du sort de la collectivité, d'y jouer un rôle, tout en sachant que beaucoup reste à faire ; d'où le temps indispensable à consacrer aux intérêts communs au détriment de l'égoïsme individuel, ceci étant actuellement plus facile grâce à la diminution du temps de travail.

Toute activité sociale apporte à son auteur réalisation personnelle et sentiment de rendre service.

Aujourd'hui, plus qu'autrefois, les jeunes préfèrent exercer leur esprit civique de manière immédiate et pratique sans se préoccuper de considérations théoriques : cette attitude est à encourager. Ainsi en préparant le futur, on évite l'ennui et on gagne sa liberté, car la démocratie, fragile en elle-même, exige pour exister responsabilité et tension des individus.

Mais elle est plus un idéal qu'un bien qu'on peut posséder. C'est pourquoi elle peut être remise en question tant par ses ennemis que par l'indolence de ses sectateurs.

THÈME DE RÉFLEXION CHOISI

L'idéal d'« esprit civique » défini par Pierre Mendès France assure-t-il vraiment aux hommes la possibilité d'une « affirmation » [d'eux-mêmes] et « la satisfaction de se connaître utile à la collectivité » ?

PLAN DÉTAILLÉ

I. Des remarques pertinentes.

1. La démocratie n'est pas seulement une affaire d'institutions.

Il ne faut pas s'abandonner à des constitutions d'apparence démocratique (quelques exemples viennent à l'esprit…). Le texte n'est rien. C'est la pratique humaine qui est importante. Et celle-ci dépend de la volonté d'expression des membres d'un pays. Sous la monarchie constitutionnelle par exemple, en France (de 1815 à 1848), malgré une organisation censitaire et une division entre pays légal et pays réel, le pays réel parvint à s'exprimer, d'une certaine façon, grâce à quelques hommes animés d'un idéal démocratique. Les institutions ne sont pas tout.

2. La démocratie n'est pas une notion politique, au sens habituel du terme.

Elle n'est pas seulement liée au droit de vote, mais à toute une « police » des mœurs, à la manière de vivre ensemble… Sont démocratiques toute activité bonne pour la collectivité, tout sacrifice en vue du bien commun (se référer à l'allégorie des bons Troglodytes, dans les *Lettres persanes* de Montesquieu). On peut en déduire que la démocratie ne peut exister sans vertu.

Cette notion n'est donc pas seulement politique, mais aussi sociale et morale. Elle recouvre un idéal qui suppose une orientation générale dans la vie de chaque individu. Elle peut même, pour certains esprits, en acquérir une dimension religieuse en quelque sorte, quasi messianique. On arrive à l'idée d'une transcendance de la démocratie.

3. La démocratie n'est jamais acquise.

C'est une pure illusion que de croire que la démocratie s'installe quand « la tyrannie » est renversée (qu'on pense à l'« illusion lyrique », et à l'ère des bons sentiments, après la révolution de 1848). La démocratie parfaite n'existe pas, il faut en être conscient, et, en cela, Pierre Mendès France est réaliste. Si elle existait, cela signifierait que l'homme serait parvenu à la perfection ; car toujours, dans ce genre de régime, il doit oublier son intérêt particulier ce qui n'est pas facile... Par ailleurs, l'auteur a raison de montrer qu'il existe deux sortes de fossoyeurs de la démocratie : ceux qui ne l'acceptent pas bien sûr, mais surtout ceux qui en ont l'habitude et se déchargent du souci de leur propre destin sur les hommes politiques. C'est en quelque sorte procéder à une condamnation de la notion d'État-providence, de quelque bord que soit d'ailleurs ce dernier.

II. Quelques réserves sur la pensée de l'auteur.

1. Le travail.

Pierre Mendès France semble faire de la diminution de la durée du travail une condition favorable à l'épanouissement de la démocratie.

On peut opposer deux critiques à cette idée :

• ainsi libérés, les individus en profitent pour consacrer plus de temps à leurs loisirs, à leur plaisir personnel... C'est tout à leur intérêt, mais d'un point de vue « communautaire », il est permis de penser que cette situation renforce les égoïsmes individuels ;

• le « temps gagné » sur le travail est certes positif, mais on ne doit pas oublier que le travail en lui-même constitue aussi un apprentissage de la démocratie : c'est un monde que régissent des relations humaines, comme dans la société, et qui permet l'apprentissage de l'obéissance, ou du commandement, selon les différentes fonctions. Il constitue, à tous les niveaux, une école de responsabilité.

De plus le travail en lui-même est utile à la collectivité (cf. tous ceux qui produisent un bien ; les médecins, les chercheurs, etc.). Ne peut-on par ailleurs penser que l'apprentissage de la démocratie est possible dans une autre communauté que ne nomme pas l'auteur : la famille ?

2. La famille.

Il semble bien que ce soit le lieu où peuvent éclore les vertus civiques exposées par Pierre Mendès France, c'est-à-dire l'abnégation et le souci des autres. L'apprentissage dans un tel milieu est facilité par le fait qu'on est normalement entre êtres aimés, alors que les vertus préconisées par l'auteur doivent en société s'exercer envers des individus plus ou moins inconnus, voire envers des entités abstraites.

3. Un risque pour la personne humaine.

Celle-ci ne semble exister que par et pour la communauté, alors qu'aujourd'hui, il apparaît que :

• l'État ou la collectivité s'emparent de plus en plus des destinées individuelles et menacent leurs libertés (cf. la surabondance des lois, le contrôle des média, les fichiers informatiques, toute la bureaucratie qui multiplie les papiers à remplir...). Il est même des cas où l'État cherche à imposer son idéologie et sa vision de l'homme et de l'existence ;

• des individus revendiquent de plus en plus le droit à la différence et à l'originalité (et cela sur les plans philosophiques, religieux, raciaux, culturels, etc.).

CONCLUSION

« Un responsable, un militant, n'a guère le temps de s'ennuyer », déclare Pierre Mendès France. Certes, la satisfaction de se connaître utile à la collectivité est réelle pour des individus dont on sait l'importance de l'insertion sociale... Que de telles activités constituent des formes « d'affirmation de soi », c'est indéniable. Mais cela ne doit pas faire oublier que les hommes peuvent aussi s'épanouir dans des cadres autres que celui de la collectivité, au sens large — celui-ci n'étant pas toujours suffisant.

Car « l'amour des différences » est aussi un ressort fondamental de l'homme.

ACADÉMIE DE LIMOGES

Quand on compare un film tiré d'un roman au roman lui-même, la somme quasi-infinie d'informations instantanées que nous livre l'image, opposée à la parcimonie, à la pauvreté même des notations de la phrase romanesque correspondante, nous fait toucher du doigt combien l'efficacité de la fiction relève parfois de près des méthodes de l'acupuncture. Il s'agit en effet pour le romancier non pas de saturer instantanément les moyens de perception, comme le fait l'image, et d'obtenir par là chez le spectateur un état de passivité fascinée, mais seulement d'alerter avec précision les quelques centres névralgiques capables d'irradier, de dynamiser toutes les zones inertes intermédiaires.

La transposition d'un roman à l'écran, quand elle est par exception minutieusement fidèle, pourrait figurer un jour parmi les scalpels les plus acérés dont dispose pour sa dissection la critique littéraire, au même titre presque que la radiographie des toiles de peintre pour la peinture. Tous les effets que j'appellerai « de majoration par omission », si fréquents dans le roman (par exemple l'attention braquée par le texte, dans une scène à multiples personnages, sur un ou deux seulement des protagonistes) y sont mis en relief par contraste avec un grossissement de microscope. Car la caméra centre bien, elle aussi, l'attention du spectateur et la ciconscrit comme le cercle lumineux d'une lampe, mais, à l'intérieur de ce cercle, ou plutôt de ce rectangle, elle n'élide rien, tandis que la plume, elle, y promène capricieusement au gré de l'écrivain un de ces spots punctiformes, à luminosité concentrée, qui servent aux démonstrateurs à souligner sur l'écran aux images un détail ou une particularité significative.

Sur un autre plan, la transposition à l'écran peut permettre de serrer de plus près le rôle multiforme que joue la description dans le roman. Il y a dans l'image photographique une franchise sans détours (elle ne gomme rien) qui proscrit — et par là dénonce — un des procédés descriptifs les plus retors de la fiction, qui est le détail, allusif ou révélateur, glissé furtivement dans la description comme la fausse carte par la main de l'escamoteur. Si on filme *La Chute de la Maison Usher*, la fissure qui zèbre la bâtisse du haut en bas s'exhibera aussi innocemment sur l'écran que le nez au milieu du visage, tandis que la plume de Poe en laisse négligemment zigzaguer le sillage en fin de phrase : ce n'est plus un constat de décrépitude, c'est la flèche du Parthe, un aiguillon urticant qui se fiche dans l'esprit.

Tous les signes qui figurent dans l'image parlent directement, disposés qu'ils sont d'entrée sur un même plan, et parlent net ; ils décèlent par là d'autant plus clairement dans le langage du romancier, toujours par contraste, l'usage non seulement de plusieurs clés, comme dans le langage musical, mais encore d'un chromatisme continuel, sans compter, pour chaque signe séparé, l'usage de dièses, de bémols et de bécarres que la syntaxe répartit à l'envi. Il existe une musicalité du texte — l'art visuel qu'est le cinéma en fournit la preuve par défaut — mais elle ne consiste pas en une lutte avec la richesse et la plénitude inégalable de l'art des sons et des timbres ; elle existe plutôt à l'état latent dans son aptitude aux accords complexes entre les différents plans de l'écriture qui, pour être successifs au lieu de simultanés, ne s'en superposent pas moins l'un à l'autre comme fait une construction sonore.

C'est l'inexistence de la simultanéité formelle dans le texte, où tout est successif, qui écarte d'habitude un rapprochement de cet ordre entre la musique et l'écriture ; mais c'est faire là bon marché d'une propriété remarquable de l'écrit. La possibilité de la littérature, et particulièrement de la poésie et de la fiction, repose sur une persistance dans l'esprit des images et des impressions mises en branle par les mots infiniment supérieure en durée à la persistance des impressions lumineuses sur la rétine, ou sonores sur le tympan. Quelquefois j'ai rêvé d'une machine qui pourrait mesurer, dans l'esprit d'un lecteur, la persistance d'une image forte sur sa lancée : nul doute qu'elle révélerait que, pour certaines, le lecteur les a gardées jusqu'au bout de sa lecture « entreposées dans les caves de son esprit, où elles s'améliorent ».

Il se créerait donc, dans l'esprit du lecteur de roman et pendant sa lecture, toute une stratification du souvenir, l'opération de la lecture consistant peut-être d'abord à replier en plans superposés, comme une pièce d'étoffe, tout ce qui est fourni de matériaux le long d'une série linéaire. Même les voix et les mimiques de deux interlocuteurs qui dialoguent, si naturellement inséparables à l'écran, font l'objet dans la lecture d'un réassemblage, d'une synchronisation a posteriori qui est une opération complexe de l'esprit, et qui d'ailleurs, ici, contrairement à ce qui passe pour la description, fait que le roman cède le pas au film pour tout ce qui concerne l'efficacité dramatique.

Quand je vois se dérouler sur l'écran une histoire que j'ai connue d'abord par la lecture, ce qui m'apparaît le plus clairement, c'est que les images, contrairement à celles qui naissent des mots et des phrases, n'y sont jamais affectées de coefficients de valeur ou d'intensité : cadrées et circonscrites par l'écran, de façon à ce que les rayons lumineux qu'elles émettent frappent l'œil à peu près à la perpendiculaire, la règle qui préside à leur distribution sensorielle est strictement égalitaire. Il suffit, pour cerner cette singularité, d'imaginer au cinéma où, à côté de la scène qui se déroule au droit du champ optique, d'autres scènes ou d'autres paysages, voisins ou différents, seraient perçus vaguement et simultanément à la dérobée ou en profil perdu, du seul coin de l'œil — tantôt anticipant sur l'avenir, tantôt revenant vers le passé, et toujours nuançant, colorant, contestant, neutralisant ou renforçant les scènes qui se jouent sur le seul écran prioritaire. Ce domaine des marges, distraitement mais efficacement perçues, ce domaine du coin de l'œil, c'est — pour compenser d'autres infériorités, telles que la moindre efficacité dramatique directe, le moindre sentiment de présence, le flou élastique propre aux images qui naissent de la littérature — presque toute la supériorité de la fiction écrite. L'écran ne connaît ni le signe plus ni le signe moins, il ne se sert que gauchement, par des ruptures de plans brutales, du signe ailleurs, et il est beaucoup plus malhabile que la littérature à affecter les images qu'il déroule du signe de l'in-fini.

Julien Gracq, *En lisant, en écrivant*, José Corti, 1981,
p. 237-241.

Vous ferez d'abord de ce texte, à votre gré, un *résumé* (en suivant le fil du texte) ou une *analyse* (en reconstituant la structure logique de la pensée, c'est-à-dire, en mettant en relief l'idée principale et les rapports qu'entretiennent avec elle les idées secondaires). Vous indiquerez nettement votre choix au début de la copie.

Dans une seconde partie, que vous intitulerez *discussion*, vous dégagerez du texte un problème qui offre une réelle consistance et qui vous aura intéressé.

Vous en préciserez les éléments et vous exposerez vos vues personnelles sous la forme d'une argumentation ordonnée, étayée par des exemples précis empruntés à votre expérience personnelle et à votre culture, au sens le plus large du terme.

Corrigé

RÉSUMÉ

Si on confronte un roman et son adaptation cinématographique, la richesse et la simultanéité de l'image contrastent avec « l'indigence » de l'écrit qui choisit et concentre quelques effets, si bien que le lecteur doit être actif.

En cas d'adaptation filmée exacte apparaissent bien les procédés différents du grossissement : celui du cinéma qui ne nuance rien, celui du roman qui distingue l'accessoire de l'essentiel. En effet, dans la description, le cinéaste ne peut rien cacher, alors que le romancier peut jouer sur les nuances. De plus, le langage du cinéma est direct et univoque, cependant que celui du roman passe par le code du langage et est donc équivoque.

Enfin, le cinéma présente des images fugitives, là où le roman est contraint d'utiliser la succession verbale qui donne la possibilité à la mémoire d'accumuler différents échos, d'où la supériorité dramatique du cinéma, et par contre, les possibilités infinies de nuances qu'offre l'écrit.

THÈME DE RÉFLEXION SUGGÉRÉ

• L'image représente, l'écrit fait rêver : *cf.* le troisième sujet de l'académie de Toulouse.

ACADÉMIE DE LYON

Dans un premier temps, le candidat fera de ce texte un *résumé* ou une *analyse* (à indiquer sur la copie).

Dans un second temps, le candidat choisira un problème étudié ou abordé dans le texte, auquel il attache un intérêt particulier ; il en précisera les données et exposera en les justifiant ses propres vues sur la question (ce second exercice sera précédé du titre : « Discussion »).

La revue *Les Lettres Nouvelles* [1] veut servir avant tout la littérature. Écrasée sous les idéologies et les partis pris, arme de propagande ou échappatoire, assimilée le plus souvent à un discours pour ne rien dire, la littérature est pourtant autre chose qu'un souci d'esthète, qu'une forme plus ou moins distinguée de distraction, qu'un moyen inavouable pour des fins qui la ruinent. Maintenir la littérature dans sa dignité peut suffire à notre dessein.

Il se fonde sur quelques principes simples :

La littérature est expression. Expression de l'homme qui écrit, cela va sans dire et, au-delà, expression de tous les hommes qui se reconnaissent en lui. Le domaine de l'homme est vaste et particulier. Il comprend aussi bien les formes de la vie idéologique et sociale que les formes individuelles de la sensibilité. Celle-ci peut être monstrueuse ou aberrante, il n'importe. Toute littérature est licite du moment qu'elle s'établit comme moyen privilégié de communication, hors de toute censure morale, politique, ou même logique. Elle ne relève que de ses propres critères.

La littérature est création. Produit de l'activité de certains hommes, elle vise, par l'intermédiaire de l'écrit, à commander, influencer, modifier à son tour d'autres hommes. Activité désintéressée et tirant sa valeur de sa liberté même, elle répugne autant à s'établir dans les musées et les académies qu'à fournir des mots d'ordre pour l'action immédiate. C'est par de plus subtils chemins qu'elle se transforme en pensées, en sentiments, en motifs nouveaux de comportements, qu'elle est vie s'incorporant à la vie.

La littérature est art. C'est-à-dire forme d'expression liée à une technique. Cette technique peut revêtir toutes les apparences, procéder de tous les attendus ; elle peut même être invisible ; il n'empêche que son absence est l'absence même de la littérature.

Si, fût-ce pour les meilleures raisons du monde, l'une de ces conditions disparaît ou s'estompe, elle emporte avec elle la littérature, dont

1. Revue nouvelle, en 1953, qui, dans ce document, se présente à ses lecteurs.

il ne reste que les sous-produits. Si, au contraire, elle s'affirme, elle mène par l'art à la vie, qui n'est pas seulement la vie durable des chefs-d'œuvre, mais également cet univers de pensées, de sentiments, de sensations, de désirs, où chacun d'entre nous se meut, le plus souvent, aveuglément, avant que la littérature qui, à ce prix, est à la fois conscience et maîtrise, lui en donne la clé.

Il est faux qu'à des époques menacées comme la nôtre la littérature doive perdre de son intérêt ou de son importance puisqu'elle s'établit précisément contre l'obnubilation des consciences et qu'en tous temps, fût-ce clandestinement, elle fait entendre notre voix la plus grave et la plus profonde.

Nous voulons donner à cette voix la possibilité de se faire mieux entendre, en laissant les gloires assises à leur admiration mutuelle, les vedettes et chefs de files à leurs querelles ou leurs parades, en accueillant tous ceux qui ont quelque chose à dire et qui s'efforcent de le dire aussi bien que possible. Il suffit que le moins averti de leurs lecteurs perçoive l'adéquation de leurs moyens à la fin qu'ils se sont donnée, autrement dit : leur probité.

Il n'existe pas d'autre critère en France, à l'heure actuelle, pour défendre et illustrer une littérature qui ne saurait être, passée, présente ou à venir, qu'une littérature en marche.

(Mars 1953.)
dans Maurice Nadeau, *Le Roman français depuis la guerre,*
Paris, Gallimard, Collection « Idées », 1963.

Corrigé

RÉSUMÉ

La littérature ne peut être considérée comme recherche exclusive du beau, dérivatif ou instrument partisan. C'est le moyen pour l'homme de faire connaître ses idées sur le monde ainsi que sa propre sensibilité. Et on ne doit pas lui appliquer d'interdit.

C'est le résultat de l'effort de quelques-uns, cherchant à entraîner le nombre, non pas en s'érigeant en modèle officiel, mais en pénétrant imperceptiblement les mentalités.

C'est la mise en œuvre des procédés particuliers à l'écriture.

La littérature doit être tout cela à la fois, sinon elle n'est pas. Lorsqu'elle s'impose, elle révèle les ressorts de l'existence à ceux qui y étaient livrés sans les percevoir nettement.

Et parce qu'elle cherche à éclairer les esprits, elle garde sa force, même en période troublée.

Nous désirons la servir, en faisant connaître les auteurs originaux, porteurs d'un message et soucieux de son expression. Seul l'accord de ces deux points garantit une littérature authentique.

THÈMES DE RÉFLEXION SUGGÉRÉS

• « Toute littérature est licite du moment qu'elle s'établit comme moyen privilégié de communication » : littérature et morale.
• Les risques d'une littérature « engagée », ou d'une simple recherche esthétique : se reporter au deuxième sujet de l'académie de Nancy.

ACADÉMIE DE MONTPELLIER

Supposez maintenant, messieurs, que nous réussissions dans cette recherche, et que nous arrivions à marquer, avec une netteté complète, les différents états d'esprit qui ont amené la naissance de la peinture italienne, son développement, sa floraison, ses variétés et sa décadence. Supposez qu'on réussisse dans la même recherche pour les autres siècles, pour les autres pays, pour les différentes espèces d'art, l'architecture, la peinture, la sculpture, la poésie et la musique. Supposez que, par l'effet de toutes ces découvertes, on parvienne à définir la nature et marquer les conditions d'existence de chaque art : nous aurions alors une explication complète des beaux-arts et de l'art en général, c'est-à-dire une philosophie des beaux-arts ; c'est là ce qu'on appelle une *esthétique*. Nous aspirons à celle-là, messieurs, et non pas à une autre. La nôtre est moderne, et diffère de l'ancienne en ce qu'elle est historique et non dogmatique, c'est-à-dire en ce qu'elle n'impose pas de préceptes, mais qu'elle constate des lois. L'ancienne esthétique donnait d'abord la définition du beau, et disait, par exemple, que le beau est l'expression de l'idéal moral, ou bien que le beau est l'expression de l'invisible, ou bien encore que le beau est l'expression des passions humaines ; puis partant de là comme d'un article de code, elle absolvait, condamnait, admonestait et guidait. Je suis bien heureux de ne pas avoir une si grosse tâche à remplir ; je n'ai pas à vous guider, j'en serais trop embarrassé. D'ailleurs, je me dis tout bas qu'après tout, en fait de préceptes, on n'en a encore trouvé que deux : le premier qui conseille de naître avec du génie ; c'est l'affaire de vos parents, ce n'est pas la mienne ; le second qui conseille de travailler beaucoup, afin de bien posséder son art ; c'est votre affaire, ce n'est pas non plus la mienne. Mon seul devoir est de vous exposer des faits et de vous montrer comment ces faits se sont produits. La méthode moderne que je tâche de suivre, et qui commence à s'introduire dans toutes les sciences morales, consiste à considérer les œuvres humaines, et en particulier les œuvres d'art, comme des faits et des produits dont il faut marquer les caractères et chercher les causes ; rien de plus. Ainsi comprise, la science ne proscrit ni ne pardonne ; elle constate et explique. Elle ne vous dit pas : « Méprisez l'art hollandais, il est trop grossier, et ne goûtez que l'art italien. » Elle ne vous dit pas non plus : « Méprisez l'art gothique, il est maladif, et ne goûtez que l'art grec. » Elle laisse à chacun la liberté de suivre ses prédilections particulières, de préférer ce qui est conforme à son tempérament, et d'étudier avec un soin plus attentif ce qui correspond le mieux à son propre esprit. Quant à elle, elle a des sympathies pour toutes les formes de l'art et pour toutes les écoles, même pour celles qui semblent le plus opposées ; elle les accepte comme autant de manifestations de l'esprit humain ; elle juge que, plus elles sont nombreuses et contraires, plus elles montrent l'esprit humain par des faces nouvelles et nombreuses ; elle fait comme la botanique qui étudie, avec un intérêt égal, tantôt l'oranger et le laurier, tantôt le sapin et le bouleau ; elle est elle-même une sorte de botanique appliquée, non aux plantes, mais aux œuvres humaines. A ce titre, elle suit le mouvement général qui rapproche aujourd'hui les sciences morales des sciences naturelles, et qui, donnant aux premières les principes, les précautions, les directions des secondes, leur communique la même solidité et leur assure le même progrès.

Hippolyte Taine, *Philosophie de l'art*, 1865.

Selon votre préférence, résumez le texte en suivant le fil du développement ou faites-en une analyse qui, distinguant et ordonnant les thèmes, s'attache à rendre compte de leurs rapports. Inscrivez nettement en tête de l'exercice le mot *résumé* ou le mot *analyse*.

Choisissez ensuite un problème qui ait dans ce texte une réelle consistance et auquel vous attachez un intérêt particulier ; vous en préciserez les données et vous exposerez, en les justifiant, vos propres vues sur la question. Cette seconde partie sera précédée du titre *discussion*.

Corrigé

RÉSUMÉ

Il nous faudrait définir les mentalités qui ont présidé aux différentes phases du développement de chacun des arts. On préciserait ainsi l'essence de ces derniers et on saurait quel climat leur est favorable. Ce serait là fournir de l'art un système explicatif, fonder une « esthétique », qui ne prescrive rien, comme c'était le cas auparavant, mais qui observe des rapports entre les phénomènes. Jusqu'ici, on posait d'abord les caractéristiques du beau, et on en recherchait la source ; au nom de quoi on portait des jugements. Mon projet n'est pas si ambitieux ; je considère d'ailleurs qu'en art, on peut seulement conseiller d'être doué et de ne pas épargner sa peine. Je me contente donc de l'observation de la réalité et de son explication, essayant ainsi de faire mienne la démarche scientifique nouvelle, qui décrit comme des objets les œuvres de l'esprit et en éclaire l'origine, sans prétendre rendre son verdict. Dans le domaine de l'art, cela laisse la place à l'appréciation de chacun. Mais « l'esthétique » nouvelle n'en est pas moins très éclectique : elle considère la diversité des productions artistiques comme la preuve de la variété du génie humain. Elle est descriptive, comme n'importe quelle des sciences de la nature. Ainsi de nos jours, c'est à ces dernières que les sciences morales empruntent leurs méthodes, pour parvenir à des résultats aussi sûrs qu'elles.

THÈME DE RÉFLEXION SUGGÉRÉ

• « La méthode moderne [...] consiste à considérer les œuvres d'art comme des faits et des produits dont il faut marquer les caractères et chercher les causes » : n'y a-t-il pas là un risque d'explication purement matérialiste de l'art (la musique de Mozart serait par exemple, selon certaines interprétations de marxistes chinois, l'expression de l'âge industriel à ses débuts). La connaissance de la biographie d'un auteur ou celle de son époque, ne suffisent pas à expliquer qu'on aime telle ou telle œuvre.

• La notion de l'objectivité d'une critique artistique : s'il est possible de décrire sans porter de jugements, une telle démarche est-elle vraiment souhaitable ? N'y a-t-il pas un risque d'aboutir à des considérations très fades ? Et peut-on assimiler un critique d'art à un botaniste ? On pensera, par contraste, à l'intérêt des jugements que portent des artistes sur les œuvres d'autres créateurs ; on ne peut parler dans ce cas d'objectivité, mais n'est-ce pas préférable ? Vaut-il mieux lire un traité d'architecture grecque, ou la description d'Athènes par Chateaubriand ? (se reporter aux *Causeries du lundi* de Sainte-Beuve, aux différents *Salons* de Baudelaire : ce qu'il dit sur Wagner, ou sur Edgar Poe est le résultat de jugements personnels, et passionne justement à ce titre).

ACADÉMIE DE NANCY

LE RÔLE DE L'ARTISTE

Dans les diverses parties du monde, les hommes appliquent leurs propres références aux événements, et ils les jugent, avec entêtement et confiance, en fonction d'elles, et non selon celles des autres.

S'il n'existe pas tellement d'échelles de valeurs différentes dans le monde, on en dénombre au moins quelques-unes : une pour les événements proches, une pour les événements éloignés, une pour les vieilles sociétés, une autre pour les jeunes. Les peuples malheureux en ont une, les peuples heureux une autre. Les sons discordants et grinçants de ces diverses échelles nous abasourdissent et nous étourdissent, et, sans être toujours douloureux, ils nous empêchent d'entendre les autres dont nous nous tenons éloignés, comme nous le ferions de la démence ou de l'illusion, pour ne juger en toute confiance le monde entier que d'après nos propres valeurs.

C'est pourquoi nous considérons comme le plus important, le plus pénible et le moins supportable ce qui est le plus proche de nous. Tout ce qui est loin, tout ce qui ne menace pas de nous envahir à l'instant et de franchir le seuil de notre porte — même avec ses gémissements pathétiques, ses cris étouffés, ses vies détruites, ses millions de victimes — tout cela, nous le considérons comme parfaitement supportable et tolérable...

Ce qui paraît de loin, selon une certaine échelle de valeurs, une liberté enviable et florissante, est ressenti sur place, et selon des valeurs différentes, comme une contrainte insupportable, déchaînant la colère et les émeutes. Ce qui, dans une partie du monde, peut représenter un rêve d'incroyable prospérité peut exaspérer les hommes dans une autre et être considéré comme une exploitation sauvage, appelant la grève immédiate. Les échelles de valeurs sont aussi différentes pour les catastrophes naturelles : une inondation qui emporte des centaines de milliers de vies humaines a moins de signification pour nous qu'un accident au coin de la rue.

Il en est de même pour les insultes personnelles : un sourire ironique ou un simple geste de renvoi est parfois humiliant, alors qu'à d'autres moments des brutalités physiques sont pardonnées, comme s'il s'agissait d'une mauvaise plaisanterie.

Il en est de même pour les châtiments : pour les uns, un mois de prison, ou une interdiction de séjour, ou l'isolement dans une cellule avec du pain et du lait pour toute nourriture, frappe l'imagination et emplit les colonnes des journaux d'articles furieux. Tandis que, pour d'autres, des peines de vingt-cinq ans de prison, des cellules dont les murs sont givrés de glace et où les prisonniers n'ont que leurs sous-vêtements, des asiles de fous pour les gens sains d'esprit, d'innombrables gens qui, pour des raisons mystérieuses, s'obstinent à fuir et sont abattus aux frontières, tout cela est courant et parfaitement accepté. Notre esprit est tout à fait en paix quand il s'agit de cette partie exotique du monde dont nous ne savons pratiquement rien, dont nous ne recevons même pas d'informations, à l'exception des supputations superficielles et déjà dépassées de quelques correspondants.

Cependant, nous ne pouvons reprocher à la vision humaine cette dualité, cette incompréhension ahurissante de la peine d'un autre homme éloigné, car l'homme est ainsi fait. Mais, pour l'ensemble de l'humanité, unie en un seul bloc, cette incompréhension mutuelle présente la menace d'une destruction imminente et brutale. Un monde, une humanité ne peuvent exister en face de six, de quatre ou même de deux échelles de valeurs : nous serions déchirés par cette disparité de rythmes, cette dualité de vibrations.

Si un homme avec deux cœurs n'est pas fait pour ce monde, nous ne pouvons pas non plus vivre avec cette dualité sur une même Terre.

Alors, qui coordonnera ces échelles de valeurs ? Et comment ? Qui créera pour l'humanité un seul système d'interprétation, valable pour le bien et le mal, pour ce qui est supportable et pour ce qui ne l'est pas ? Qui fera clairement comprendre à l'humanité ce qui est une souffrance réellement intolérable et ce qui n'est qu'une égratignure superficielle ? Qui orientera la colère des hommes contre ce qui est le plus terrible, et non plus contre ce qui est le plus proche ? Qui réussira à transposer une telle compréhension au-delà des limites de son expérience personnelle ? Qui réussira à faire comprendre à une créature humaine fanatique et bornée les joies et les peines de ses frères lointains, à lui faire comprendre ce dont il n'a lui-même aucune notion ?

Propagande, contrainte, preuves scientifiques, tout est inutile. Mais il existe heureusement un moyen de le faire dans ce monde : l'art, la littérature.

Les artistes peuvent accomplir ce miracle. Ils peuvent surmonter cette faiblesse caractéristique de l'homme qui n'apprend que de sa propre expérience tandis que l'expérience des autres ne le touche pas. L'art transmet d'un homme à l'autre, pendant leur bref séjour sur la Terre, tout le poids d'une très longue et inhabituelle expérience, avec ses fardeaux, ses couleurs, la sève de sa vie : il la recrée dans notre chair et nous permet d'en prendre possession, comme si elle était nôtre.

Alexandre Soljénitsyne [1], *Discours de Stockholm* 1970.

Dans un premier temps, le candidat fera de ce texte, au choix, *un résumé* ou *une analyse* ; dans un second temps, il se saisira d'un pro-

1. Soljénitsyne : écrivain soviétique né en 1918 ; prix Nobel de littérature en 1970 ; vit en exil depuis 1974.

blème abordé dans le texte et auquel il attache un intérêt particulier. Il en précisera les données et exposera, en les justifiant, ses propres vues sur la question.

Corrigé

THÈMES DE RÉFLEXION SUGGÉRÉS

• L'artiste est un « inquiéteur ».
• La lecture : elle peut aider à compenser les limites de notre expérience personnelle, et éveiller notre désir de communication avec les autres hommes.
• Littérature et engagement. *Cf.* Nancy III.

ACADÉMIE DE NANCY

C'est parce que le verbe est l'expression de la réalité humaine que la langue est dite la meilleure et la pire des choses. Pourtant, en soi et par essence, cette réalité n'est ni bonne ni mauvaise, ni vraie ni fausse. Comme il en est de la nature humaine elle-même, dans ses manifestations originelles.

D'abord et profondément, parce que le langage est une fonction de l'homme qui parle comme il respire. Une fonction vitale, parce que la parole répond à un besoin qui est nécessité, pour les êtres humains, de communiquer entre eux, pour exister et subsister. Et c'est dans la communication que l'humain témoigne à la fois de sa spécificité et de sa valeur : de sa spécificité, parce que l'homme seul use de la parole ; de sa valeur, parce que le verbe est révélateur de son intelligence ; et parce qu'il comporte pouvoir et puissance.

Ainsi, dans la communication, la parole n'a d'abord de sens que par la compréhension réciproque, réversible, qu'elle établit entre les hommes ; par l'échange d'idées — un rapport que crée l'intelligence. Les effets de cette compréhension sont manifestation de l'efficience du verbe, laquelle s'éprouve dans les conduites et l'action, par l'exercice du pouvoir et de la puissance.

Mais, précisément, c'est aussi par les voies de l'intelligence et du pouvoir que le verbe s'ouvre à la perversion, mystifie, pose ses pièges et trompe. Car le langage contient ce qu'il dit et ce qu'il ne dit pas, pour différentes raisons, et de diverses façons : parfois inconsciemment, quand opèrent, sous-jacents, les refoulements et les ressentiments, par où se montre la bête davantage que l'homme ; souvent, aussi, à cause de l'incompréhension, témoin de la bêtise, de l'étroitesse sinon de la médiocrité de l'esprit ; enfin, par suite d'une intention dissimulée mais voulue, qui mystifie, trompe et piège pour des visées précises. Il s'agit de faire croire ce qu'on ne croit pas soi-même, de déguiser la vérité sous les différentes formes du mensonge, en tout cas d'user de simulation, suggestion, sophisme, dialectique formelle, falsification, comédie, prière ou incantation. Ceci afin d'infléchir les idées, de susciter les croyances, de diriger les sentiments, les activités et les conduites. (...)

Ces pièges et ces tromperies, aujourd'hui, se développent. Leur efficacité est considérablement renforcée par les médias. Le temps est, en effet, révolu où les puissants n'avaient ni à expliquer ni à justifier leur pouvoir, leurs décisions et leurs actions, par la parole ou le discours. Temps où la puissance était d'autant plus crainte et respectée qu'elle était dissimulée au commun des mortels qui considérait humblement que « les voies du seigneur étaient impénétrables ». Temps où la bêtise comme l'intelligence ne se distinguaient et ne se percevaient concrètement que dans les cercles réduits des relations personnelles et des activités journalières. Maintenant, l'homme gouverné — sous quelque forme que ce soit — attend et exige que s'explique et se justifie celui qui gouverne.

Dans cette conjoncture, les détenteurs du pouvoir et de l'autorité n'ont jamais couru autant de risques que ceux auxquels les exposent les techniques modernes. Car elles font la ruine des hommes publics dont les discours à pièges tombent sous les critiques des auditeurs attentifs aux contenus du langage, aux sens de la parole, et aux rapports du verbe à l'action. Ceux-ci finissent par percevoir aussi la faiblesse ou la médiocrité, en dépit des mises en scène qui ne révèlent souvent que le vide ou le non-sens de la parole.

Cependant, tout compte fait, ce sont encore les masses qui sont le plus souvent piégées, trompées, mystifiées, par les discours dont on ne cesse de les combler. D'autant plus que ceux-ci se reproduisent indéfiniment, et que les redondances endorment l'attention. Car, aujourd'hui, le verbe n'est plus seulement au commencement [1]. Il se manifeste constamment et partout, et ce grâce aux médias qui, de plus, le concrétisent par l'image ; cela, certes, peut en dévoiler les artifices, mais aussi et surtout multiplie les pièges et les mystifications.

Joseph Leif, *Pièges et mystifications de la parole.*

Vous ferez d'abord de ce texte, à votre gré, un *résumé* ou une *analyse*.

Dans une seconde partie, vous dégagerez du texte un problème qui offre une réelle consistance et qui vous aura intéressé. Vous en préciserez les données et vous exposerez, en le justifiant, votre point de vue.

Corrigé

RÉSUMÉ

Comme l'humanité, la langue en elle-même ne peut d'abord se définir en termes positifs ou négatifs car elle est avant tout une activité naturelle de l'homme : la communication, propre à lui seul et révélatrice de ses capacités, exigeant réponse et réussite pratique.

---

1. Allusion ironique au début de l'Évangile selon saint Jean : « Au commencement était le Verbe », c'est-à-dire la parole créatrice de Dieu.

C'est pourquoi la parole peut être mauvaise, quelquefois malgré nous, plus fréquemment par suite de nos tares intellectuelles ou par volonté de domination hypocrite. Actuellement, les mensonges augmentent, à cause des médias et de l'universalité de la communication, notamment politique, qui recèle des pièges auxquels peuvent succomber les hommes d'État. Mais ce sont surtout les auditeurs qui sont victimes de ces harangues, à cause de la répétition verbale renforcée parfois par le support visuel qui en multiplie le pouvoir.

THÈME DE RÉFLEXION CHOISI

« C'est parce que le verbe est l'expression de la réalité humaine que la langue est dite la meilleure et la pire des choses. Pourtant, en soi et par essence, cette réalité n'est ni bonne ni mauvaise. »

PLAN DÉTAILLÉ

I. Le langage, condition de la pensée.

1. Penser avec d'autres.

« C'est dans la communication que l'humain témoigne à la fois de sa spécificité et de sa valeur... le verbe est révélateur de son intelligence », déclare l'auteur. C'est grâce au langage en effet que chacun affirme sa pensée face aux autres. Sans langage d'ailleurs, nous n'avons avec autrui que des formes élémentaires de rapports, relevant d'une affectivité très rudimentaire (la contagion émotive, la colère, le bâillement...). Dès qu'un échange d'idées est nécessaire, nous avons besoin de paroles. L'accès à la pensée de l'autre est possible grâce à la précision de son langage, et nous-mêmes devons choisir nos mots pour lui communiquer nos vues. De la confrontation des opinions ainsi réalisée se dégage d'ailleurs souvent une pensée nouvelle (voir les dialogues entre Socrate et ses disciples).

2. Penser.

Sans doute on pense plus nettement quand on parle bien. Et même, en dehors du langage, il ne doit y avoir qu'inconscience. Sans lui, nous serions incapables de distinguer deux idées de façon claire et constante. Il structure cette nébuleuse qu'est une pensée inexprimée. L'enfant par exemple, en « nommant » le monde, en prend conscience progressivement. Existerait-il des réalités qu'on puisse penser sans l'intermédiaire de l'expression ? La rêverie romantique a souvent recours à l'idée d'un silence contemplatif, mais il s'agit d'une contemplation descriptive, évocatrice, souvent bavarde. Et si nous ne pouvons pas « dire » certains sentiments, c'est que nous les ressentons vaguement, et qu'ils ne sont pas assez définis. Le langage fait donc plus que favoriser la pensée : il la constitue, en lui permettant de circonscrire ce qui est connaissable, et d'exprimer l'inconnaissable par l'exercice de la raison.

II. La perversion du langage et l'altération de la pensée.

La maîtrise du langage n'est pas seulement positive. Elle peut entraîner des excès.

1. Un langage pour soi.

C'est un risque, quand on « jongle » avec les mots, que de s'y complaire et d'oublier la nécessaire communication. Qu'on pense par exemple à une trop grande technicité du langage, très à la mode. Employant des mots obscurs, on se suffit, ou on suffit au groupe restreint dont on fait partie. C'est une façon de se fermer à la pensée d'autrui. La complaisance pour son propre langage peut conduire à un snobisme : le contenu de ce qu'on dit tient en peu de mots, mais ils sont choisis : dans *Pantagruel*, Rabelais fait parler un étudiant limousin « qui contrefaisait le langage français », de façon ridicule, mais très étudiée. Son discours se réduit à presque rien si on le « traduit ».

2. Un langage dominateur.

Le langage, bien maîtrisé, peut servir à écraser les autres. L'auteur fait allusion à ce risque quand il dit que « le verbe s'ouvre à la perversion, mystifie, pose ses pièges et trompe ». Les dangers de la parole ne datent pas de l'usage des mass media : Platon déjà reprochait aux Sophistes de « saisir » l'esprit de leurs interlocuteurs par des discours qui faussaient la réalité. De nos jours, la connaissance de certains mécanismes psychologiques a fait prendre conscience du pouvoir des mots : la publicité l'utilise, pour annihiler en quelque sorte l'esprit critique, et pousser vers tel produit : c'est une négation de la liberté. De même, dans certains systèmes politiques, un langage fait de formules préparées à l'avance empêche de réfléchir : tant qu'on l'emploie, on a peu de chances d'avoir une pensée personnelle, et c'est le but recherché.

CONCLUSION

Il faut donc bien savoir que la parole mène la pensée, mais qu'elle est également une technique, et que, comme telle, on peut la manipuler à des fins très variées. Aussi, on ne peut qu'insister sur la nécessité pour chacun de perfectionner son langage. Avant d'acquérir une qualification technique, sans doute serait-il plus urgent d'apprendre à dominer les problèmes qui se posent à nous, et à ne pas être passifs. La maîtrise du langage n'est pas « qu'affaire de littéraires ».

ACADÉMIE DE NANTES

LE LOISIR

Il faut, pour le loisir, de plus en plus de choses. Il suffit de regarder partir ces caravanes surchargées d'objets de toutes sortes, de vêtements convenables à toutes les occupations. Ce sont maintenant sur nos routes des maisons entières qui se déplacent... Le royaume du loisir, c'est le royaume du marchand, et le marchand demande à être payé et pour le payer il faut travailler ; la raison de bien des heures supplémentaires, c'est précisément ce loisir, le soleil de tout un hiver de travail.

Ce loisir exige du travail, mais le loisir tend à devenir aussi en lui-même un travail, par la vitesse, par la surcharge des stations de vacances où les hôtels sont maintenant retenus une année à l'avance, par le tourisme, par le temps et l'espace qui doivent être vaincus à tout prix. Le loisir redevient à sa manière une espèce de travail, et ce n'est pas par hasard que l'on entend dire : « Moi, j'ai fait l'Espagne, j'ai fait les châteaux de la Loire » : ce « faire » indique une activité qui a son rendement et qui a conscience d'avoir été laborieuse. Le prix de ce loisir mécanisé, c'est une grande difficulté au repos...

Le loisir dépend étroitement du travail, mais il est vrai aussi qu'il contient des éléments irréductibles au travail ; il est vrai aussi qu'il dépasse le travail et qu'il offre à l'homme des possibilités que celui-ci ne retrouvera nulle part ailleurs. Je parlais tout à l'heure de ceux qui « font » l'Espagne..., mais le loisir, n'est-ce pas le moyen pour l'homme de faire l'homme profondément ? Ce que bien peu arriveront à réaliser dans leur travail, ils pourront tenter de l'incarner dans leurs loisirs : d'être tout simplement des hommes et aussi complètement que possible. Je suis frappé de ce que le loisir donne aux contemporains la possibilité de récapituler toutes les figures de l'homme, d'être successivement à son gré ce sauvage de la préhistoire qui va chasser, pêcher, et qui se nourrit de gibier grillé sur une pierre, d'être aussi cet homme de la Renaissance qui accumule les in-folio [1] et vit parmi les beaux livres, d'être aussi cet homme de l'Antiquité qui court sur le stade : toutes les figures historiques de l'homme, nous pouvons les reprendre comme des déguisements, pour nous remettre dans la peau des civilisations disparues, et ainsi, dans notre vie est offerte la chance inestimable de les rejouer — ce qui ne veut pas dire de les revivre vraiment...

L'homme du loisir ne fait jamais que rejouer les conditions qui ne sont pas la sienne, et quand il travaille pour se distraire, au fond il fait semblant de travailler, il ne travaille pas vraiment. Pourtant ne soyons pas trop sévères pour le loisir, car cette chance de reprendre des masques est quand même immense, cette chance d'être un autre homme, de revêtir un autre visage. D'une certaine façon, tout peut nous être rendu à travers le loisir, de l'animalité à la prière. Dans la civilisation de la montre, où nous sommes obligés à chaque instant de regarder quelle heure il est, le loisir est un temps qui n'est pas compté, c'est le temps du jeu, de l'amour, de la contemplation... Il reste ce champ disponible à l'homme, ce champ où l'homme peut s'essayer à la liberté. Cependant, du loisir ne sort aucune indication et tout peut en sortir...

C'est pourquoi on jugera probablement dans quelque temps une civilisation à la qualité de ses loisirs. Mais cette qualité dépendra de ce que sera réellement cette civilisation, et l'extension actuelle des loisirs de masse rend encore plus urgente, plus nécessaire, cette définition d'une civilisation qui soit axée sur des valeurs, qui soit orientée vers une figure de l'homme, et non pas vers la multiplication des masques dont je parlais tout à l'heure ; car on peut construire une cité autour de la figure de l'homme qui prie, de l'homme qui travaille, de l'homme qui combat ; il peut y avoir une civilisation du moine, du héros et du producteur, mais il ne peut y avoir une civilisation du pêcheur à la ligne. Le loisir, c'est essentiellement le royaume de la consommation. Tout nous arrive dans le loisir à travers une consommation : nous sommes dans une position de consommateur lorsque

---

1. In-folio : se dit d'une feuille d'impression qui, ayant été pliée une fois, forme deux feuillets ou quatre pages. Par extension, format de cette feuille, et *livre de ce format*.

nous visitons la nature ou les monuments. Et le consommateur consomme. Il n'apporte rien. Il mange les civilisations, il va les voir à domicile, il les rapporte dans ses appareils photographiques et il ne crée rien.

Jean-Marie Domenach, 1962.

Vous ferez de ce texte, à votre gré, un *résumé* ou une *analyse,* en indiquant nettement votre choix au début de la copie. Vous dégagerez ensuite un problème qui, dans cet extrait, offre une réelle consistance. Vous en exposerez les données et vous apporterez vos réponses personnelles aux questions soulevées, dans un développement ordonné.

Corrigé

RÉSUMÉ

Les vacanciers se créent des besoins toujours plus importants. D'autre part, l'homme doit travailler pour se payer des loisirs, ceux-ci étant devenus une affaire de commerce. Ces mêmes loisirs ressemblent d'ailleurs de plus en plus à une tâche épuisante. On « fait » une région comme on fait son travail. Que devient alors le repos ?

Pourtant, à certains égards, le divertissement échappe au travail : plus que ce dernier, il peut former véritablement l'homme en le mettant en contact avec tous les mondes passés ; ainsi l'individu, grâce à lui, incarne les personnages des époques révolues qui le séduisent. Le loisir ouvre donc à l'homme tous les possibles ; ainsi, dans notre civilisation de la contrainte, il a le mérite de lui rendre la liberté.

Cependant, il ne faut pas qu'il devienne un bien de consommation, au contraire, il doit permettre à l'homme de se réaliser par une création active.

THÈME DE RÉFLEXION CHOISI

Le loisir « dépasse le travail et offre à l'homme des possibilités que celui-ci ne retrouvera nulle part ailleurs... Le loisir, n'est-ce pas le moyen pour l'homme de faire l'homme profondément ? »

PLAN DÉTAILLÉ

I. Le loisir, moyen pour l'homme de se réaliser.

1. Un besoin de tous les temps.

Si la notion de « loisir » est fréquemment invoquée aujourd'hui, ce phénomène n'en existe pas moins depuis longtemps. Dans la Bible, il est bien notifié que le sabbat est obligatoirement un jour de repos. On voit aussi qu'au Moyen Âge, cent vingt jours étaient chômés dans l'année. Et jusqu'à une époque récente, le temps était rythmé par des fêtes corporatives ou votives, des pélerinages où le profane se mêlait au sacré... C'était une occasion de se sentir membre d'une communauté, et cela avait de l'influence sur les rapports sociaux.

2. Un besoin de repos.

Le loisir permet à l'homme de retrouver une cadence plus naturelle, plus humaine, qui lui fasse oublier le rythme abrutissant du travail moderne. La vie urbaine étant déséquilibrante, on est heureux de retrouver la nature. On a par ailleurs des possibilités de vivre en accord avec son corps (cf. l'éducation idéale chez Rabelais, où l'exercice physique tient une grande part ; sans lui pas de bon travail possible).

3. Une activité gratuite qui vise à procurer du plaisir, et non un gain.

Le plaisir provient du fait qu'on est libre de son temps, libre de choisir ses occupations, le travail répondant au contraire à une contrainte ; il faut pouvoir vivre matériellement. Toute activité volontaire peut plus facilement être source d'une certaine satisfaction.

4. Une activité qui permet à la personnalité de s'exprimer.

• On rencontre des gens qui ont les mêmes goûts que nous. Ces contacts sont enrichissants (on ne choisit pas ses compagnons dans un milieu de travail).

• On a l'occasion de sortir de soi. Différentes formes d'évasion s'offrent en effet : la lecture, les voyages, dont on tire des enseignements, le bénévolat, qui permet lui aussi de s'ouvrir sur autre chose.

• Les loisirs favorisent un retour à l'activité créatrice, en dehors des contraintes matérielles (cf. la vogue actuelle de l'artisanat, ou la pratique de la musique).

II. Les dangers du loisir.

1. Il peut ressembler au travail.

Dans l'expression citée par l'auteur « faire les châteaux de la Loire », on discerne un souci de rendement, de rentabilité. Elle sert surtout à cultiver l'image de marque de celui qui l'emploie : il est capable de « faire » beaucoup. Elle suppose donc une certaine précipitation, des soucis particuliers (on doit préparer à l'avance, ne rien oublier ; sur le moment on a des horaires à respecter, pour l'ouverture des musées par exemple...). D'autres fois, ce qui était loisir au départ devient un travail absorbant par la suite (cf. ceux qui se lancent dans la réparation d'une maison).

2. Il risque de s'inscrire dans la société de consommation.

De nos jours, s'adonner à un loisir signifie souvent dépenser de l'argent, faire tourner l'économie. Quel rapport cela a-t-il avec le fait de vouloir « faire l'homme profondément » ? Pour voyager par exemple, on recourt de plus en plus souvent aux services d'une agence ; les voyages organisés ont certes des avantages, mais, d'une certaine façon, ils correspondent à une perte de liberté. On « suit le guide », on s'intègre dans le troupeau. Le loisir en général entre dans des cadres qui lui enlèvent un peu de son caractère d'activité libre ; toutes ses formes sont répertoriées. On arrive même à créer un « Ministère du temps libre ». Tout cela ne correspond-il pas en fait à une recherche artificielle du bonheur ?

3. Certains loisirs sont même abrutissants.

Les moyens techniques peuvent se retourner contre l'homme, s'ils sont mal utilisés. Un mauvais usage de la télévision, par exemple, conduit le spectateur à une passivité totale. Les voyages en voiture peuvent n'avoir aucun intérêt, si les vacanciers font des kilomètres sans rien voir.

CONCLUSION

Le loisir n'est pas immanquablement « le moyen pour l'homme de faire l'homme profondément ». Tout dépend de la façon dont on le

conçoit, de l'usage qu'on en fait... « L'homme a les loisirs qu'il mérite »,
a pu déclarer Georges Elgozy... et chacun doit apprendre à jouir de sa
liberté, « non d'une liberté préfabriquée, distribuée, consommée en série,
mais d'une liberté qui cadre avec sa propre personnalité et qui le libère ».

ACADÉMIE DE NICE

Former des hommes ne peut consister qu'à provoquer en eux ce
mouvement continu de la pensée [1] et à les préparer à de nouvelles
exigences. C'est là les mettre en état de vérité, non la leur enseigner
comme toute faite et déjà acquise, mais les mettre en garde contre
tout ce qui n'est pas encore elle et leur apprendre à la chercher et à ne
se plaire que dans cet air vif de loyauté et d'évidence qui rayonne
d'elle, quand elle est là, comme la lumière rayonne du soleil.

Si l'on ne peut espérer conduire tous les esprits jusqu'à cet état critique, du moins faut-il y tendre. Tout l'enseignement des écoles
devrait, de cycle en cycle, consister en des « lectures » successives
du monde. La première ne serait que l'occasion d'un premier émerveillement devant les êtres et les choses et les mots qui les nom-
ment : elle révèlerait aux enfants leur pouvoir de sentir et d'imaginer.
La seconde chercherait à provoquer toutes les formes de l'intelligence et de la curiosité. La troisième, plus critique et plus raison-
neuse, trierait décidément les esprits selon leurs plus nettes aptitudes
et fixerait les personnalités, mais nous ramènerait tous ensemble au
sens du général et à nos communs problèmes. Ainsi aurions-nous
quelque chance de devenir, autant qu'il nous est possible, les maîtres
de notre vie et de notre monde.

J'ai beaucoup vécu dans ces immenses usines du savoir que sont
les lycées et les universités d'aujourd'hui. J'ai même, un temps de
ma vie, eu part à la charge d'en surveiller le fonctionnement. Toute la
gentillesse des enfants, tout le dévouement des maîtres ont de plus
en plus de peine à garder un air d'humanité à l'énorme travail qui s'y
fait, à résister à la lourdeur grandissante des programmes qui est celle
des choses elles-mêmes à mesure qu'elles sont mieux connues et
deviennent matières d'enseignement, à cette mécanisation, à cette
industrialisation du savoir qui répond à celle du monde lui-même.
Dans cette immense machinerie, on peut craindre que nous ne deve-
nions nous-mêmes machines. Il semble, par comble, que les hommes, individuellement, soient menacés de perdre leur monde, à
mesure que l'homme le connaît mieux. Les plus sincères professions
de foi humanistes couvrent dans la réalité un enseignement malgré lui
de plus en plus utilitaire et « fonctionnel », selon un mot à la mode
qui, si nous n'y prenons garde, pourra bien fabriquer une nouvelle

---

1. Par là, J. Guéhenno qui vient d'évoquer Condorcet, entend le progrès de l'esprit
humain qui refuse de « soumettre chaque génération aux opinions de celle qui la précède ».

espèce d'hommes, des robots-savants, d'ailleurs assez efficaces chacun dans leur petit quartier, mais déshumanisés. Nous savons telles villes artificielles surgies récemment de la terre où dès maintenant cette sorte de culture industrialisée est parvenue à un point de quasi-perfection. Les hommes y végètent dans un terrible ennui. Quelque suffisance, il est vrai, parfois les console et les aide à se supporter eux-mêmes. Car ces nouveaux métiers, un peu étroits mais puissants et qui peuvent mettre aux mains du premier venu la foudre même de Jupiter, ne rendent pas modeste. Comment être modeste, planté au milieu d'un champ où s'opèrent sur votre ordre des transformations magiques ? Mais ce petit plaisir de vanité ne peut longtemps suffire, et les sorciers s'ennuient. Les soirs sont tristes dans ces cantons du monde abstrait et fantasmagoriques, où il n'y a plus ni ciel, ni étoiles, rien que des lampes qui font de la nuit le jour pour que le travail jamais ne s'arrête.

J. Guéhenno (1890-1978), Ce que je crois.

Vous ferez d'abord de ce texte, à votre gré, un *résumé* (en suivant le fil du texte) ou une *analyse* (en reconstituant la structure logique de la pensée, c'est-à-dire en mettant en relief l'idée principale et les rapports qu'entretiennent avec elle, les idées secondaires). Vous indiquerez nettement votre choix au début de la copie.

Dans une seconde partie, que vous intitulerez discussion, vous dégagerez du texte un problème qui offre une réelle consistance et qui vous aura intéressé. Vous en préciserez les éléments et vous exposerez vos vues personnelles sous la forme d'une argumentation ordonnée, étayée sur des faits et menant à une conclusion.

Corrigé
RÉSUMÉ

L'éducation doit montrer qu'elle ne transmet pas un savoir immuable mais que la vérité se recherche constamment.

Pour essayer d'entraîner toutes les intelligences, il faudrait leur dévoiler la réalité par étapes. D'abord faire voir ce qui existe, ensuite amener les interrogations, enfin selon les capacités de chacun susciter des jugements et envisager les questions d'ensemble.

Je connais l'enseignement. Il devient difficile de lui conserver un aspect humain face à l'accroissement des programmes correspondant à celui de la science, entraînée par l'industrialisation. L'homme paraît s'éloigner du monde alors qu'il le connaît mieux.

La formation de plus en plus pratique risque de donner des spécialistes très forts dans leur domaine restreint, conscients de leurs pouvoirs, mais ne sachant trouver intérêt ailleurs.

THÈMES DE RÉFLEXION SUGGÉRÉS

• Former des hommes : « les mettre en état de vérité. »
Quelques citations qui vont dans le même sens :

— Barrès : « Aucune éducation ne transforme un être : elle l'éveille. »

— Anatole France : « Cette sorte de vérité imparfaite et provisoire qu'on appelle la science. »

— André Gide : « Ce que l'on découvre ou redécouvre soi-même, ce sont des vérités vivantes ; la tradition nous invite à n'accepter que des cadavres de vérité. »

• « Les sorciers s'ennuient » : le progrès matériel est-il toujours accompagné d'une évolution « spirituelle » ?

ACADÉMIE D'ORLÉANS

FAITES-NOUS DE BONNE LANGUE...

Seulement 3 % des habitants de la planète ont aujourd'hui le français comme langue maternelle ou véhiculaire : il ne faut jamais perdre de vue cette donnée essentielle lorsqu'on se préoccupe, comme le fait le pouvoir actuel, avec plus de détermination peut-être que l'ancien, de préserver notre langue. Ce n'est pas qu'en ce domaine l'élément quantitatif soit nécessairement prédominant. La langue la plus parlée de la terre est sans doute le chinois : personne ne songe à en faire un instrument de communication universel, alors qu'une récente étude de « Newsweek » constatait que le seul parler qui fasse vraiment obstacle aujourd'hui à l'expansion de l'anglais est encore le nôtre.

Reste que, de toute évidence, le français est en repli, alors que l'anglais gagne. Gagne en raison de sa fabuleuse vitalité, de son aptitude à créer des mots simples, des monosyllabes la plupart du temps, presque des onomatopées, là où nous allons chercher de lourdes racines grecques ou germaniques. Gagne parce qu'il est devenu une langue supranationale : celle du « creuset » qui a fait de dizaines de millions d'immigrants et de descendants d'immigrants des citoyens des États-Unis, et aussi de ce Commonwealth qui continue de rassembler chaque année autour de la reine Elizabeth des présidents et des premiers ministres aux caractéristiques ethniques, religieuses, idéologiques, sociales les plus diverses, mais dont la fierté commune est d'avoir fréquenté dans leur jeunesse quelque collège britannique.

Parce qu'il est la langue de la communication internationale : celle de la recherche, celle des affaires, celle des voyages — ceux qui protestent contre les annonces en anglais d'Air-Inter ne sont pas nécessairement fâchés s'il leur arrive de prendre des appareils soviétiques ou chinois, d'entendre les hôtesses en faire autant (...).

La vérité, c'est que, dans le monde aujourd'hui, c'est un handicap, pour quiconque a affaire à des étrangers, de ne pouvoir s'exprimer en anglais. C'est bien pourquoi la Chine fait actuellement un tel effort pour populariser l'enseignement de la « langue de l'impérialisme », des usines allant jusqu'à interrompre leur production pour permettre l'écoute collective des cours d'anglais de « la Voix de l'Amérique » (...)

Ceux qui ont la délicate mission de défendre le français ont-ils assez médité la façon dont l'anglais se répand ? Notons d'abord qu'au libre-échangisme économique des Anglo-Saxons correspond leur libre-échangisme linguistique. Personne ne proteste outre-Manche, comme outre-Atlantique, lorsque des mots français envahissent ce qu'on n'ose plus appeler la langue de Shakespeare : or le snobisme est aussi francomane chez les anglophones qu'il est anglomane chez les francophones. Pour désigner la confrérie internationale des snobs, on dit d'ailleurs aussi bien la « café (pas coffee) society » que le « jet-set ». Feuilletez les trois « Times », celui de Londres, celui de New York et le « Financial », vous y trouverez souvent des mots français, y compris dans les titres et la publicité. Le grand dictionnaire d'Oxford n'est-il pas le premier à accueillir tout mot qui a été imprimé une fois dans une publication de langue anglaise ?

Il est vrai qu'il est agaçant de voir envahir le français par un jargon anglo-saxon d'autant plus pénible qu'il est souvent employé à contre-temps — ou à contresens. Mais il n'est pas moins triste de constater sa pollution par le charabia pur et simple, l'alourdissement délibéré, le vocabulaire hermétique, les phrases interminables, l'enchevêtrement des « qui ». Une belle langue, une langue simple, claire, vivante, n'a pas besoin de gendarmes pour la défendre. Elle a surtout besoin d'écrivains et d'enseignants capables de la nourrir, de la faire vivre, de la transmettre, de l'adapter aux besoins de ce temps, de l'alléger sans en renier le génie, de lui rendre sa saveur que trop de jocrisses [1] lui ont enlevée.

Loin de nous l'idée de dissuader les chercheurs d'aller toujours plus loin dans l'exploration des possibilités de la langue. Mais ne comptons pas trop sur eux pour faire se précipiter les lecteurs d'au-delà des mers sur les rayons français de leurs librairies, alors qu'il y a tant d'auteurs de chez nous dont le seul nom fait venir l'eau à la bouche. Prenons exemple sur la cuisine française qui, ancienne comme nouvelle, demeure sans conteste la première à la bourse mondiale des réputations : il n'y aurait peut-être pas un tel effort à faire pour que se répande aussi l'idée que la langue française est toujours la plus juteuse. A-t-on assez relevé que son recul a coïncidé avec un certain déclin de l'éclat de notre littérature ? Il y a vingt ans encore, on citait d'un pôle à l'autre les noms de trente grands écrivains ou penseurs français : le nombre, aujourd'hui, serait plus faible, et l'âge moyen des intéressés, surtout, bien plus élevé…

La veine se serait-elle tarie qui a fait naître sur ce sol tant d'auteurs de dimension universelle ? Il est difficile de le croire. Mais de certains de ceux qui tiennent aujourd'hui une plume on dirait qu'ils se sentiraient déshonorés à l'idée de s'exprimer comme tout le monde, d'énoncer simplement des choses simples. La préciosité ne manque pas d'un certain charme : elle ne séduira jamais les gros bataillons. Et il n'y aurait pas beaucoup à miser sur l'avenir d'une langue repliée sur elle-même, fixée une fois pour toutes, protégée par une couche de textes juridiques des influences pernicieuses du dehors.

André Fontaine, article de 1982.

1. Le terme désignait un personnage de théâtre prétentieux et ridicule.

L'épreuve comporte deux parties :

1. Dans une première partie, vous présenterez un *résumé* ou une *analyse* de ce texte, en indiquant nettement votre choix au début de la copie.

2. Dans une seconde partie, intitulée discussion, vous dégagerez du texte un problème auquel vous attachez un intérêt particulier ; vous en préciserez les données et vous exposerez, en les justifiant, vos propres vues sur la question.

Corrigé

RÉSUMÉ

Qui veut sauvegarder le français doit considérer que la sphère d'influence en est désormais très restreinte, même si son prestige de langue internationale s'oppose encore à la totale prépondérance de l'anglais.

Celui-ci l'emporte néanmoins, grâce au dynamisme qu'il manifeste dans l'invention de mots, grâce aussi aux conditions historiques qui ont fait de lui la langue des États-Unis, et celle du Commonwealth. Il est bien le véhicule des échanges en tous genres entre les pays. Même la Chine communiste l'a compris, qui encourage vivement son apprentissage.

Il faut analyser les modes de cette expansion de l'anglais, et constater par ailleurs que cette langue, peu soucieuse d'une quelconque contamination, ne craint pas d'emprunter des termes à ses rivales — il est même de bon ton de le faire.

Certes, en France, on peut regretter le recours trop fréquent aux anglicismes, d'ailleurs mal employés. Mais déplorons aussi l'extension d'un style lourd et incompréhensible. Car une langue ne se maintient pas par une attitude défensive, mais bien plutôt grâce à la vie toujours renouvelée que lui infusent auteurs et professeurs.

Il ne s'agit pas de condamner les recherches stylistiques. Mais ce ne sont pas elles qui attireront les étrangers à la littérature française, dont le renom décroît actuellement. Or sa diffusion est la seule façon de faire goûter notre langue et d'en limiter le repli.

Est-ce à dire que ne peuvent plus éclore chez nous d'œuvres de portée universelle ? Certes pas. Mais des recherches excessives de langage semblent être nécessairement de mise ; elles écartent la majorité du public. Et le maintien acharné d'une langue pure et immuable n'est pas du tout une garantie de l'essor du français.

THÈMES DE RÉFLEXION SUGGÉRÉS

• « Préserver une langue », est-ce une notion satisfaisante ?

On peut chercher en effet à la préserver, par rapport à sa propre évolution, ou par rapport à ses concurrentes étrangères. Ce souci existe bien à notre époque, ce qui entraîne une attitude défensive, certains interdits par exemple touchant des néologismes. L'auteur insiste sur le fait que le français est moins ouvert que l'anglais à cet égard... Mais force est de constater qu'on ne peut parler de nos jours comme au XVIIᵉ siècle, et que chaque époque marque en ce domaine une lente évolution, signe sans doute de la vie d'une langue. Devrait-on alors condamner tous les apports étrangers du passé, qui ont enrichi le français (fournis par l'italien, l'arabe, etc.) ? D'ailleurs, on peut trouver un exemple de l'inconvénient de l'attitude purement défensive dans le domaine linguistique, au sujet d'un problème particulier : celui des noms propres. Sans doute cet aspect n'est-il pas capital en considération de l'importance du sort général du langage... Il reste que, depuis la Révolution, en France, la législation concernant les noms propres a été beaucoup plus stricte qu'elle ne l'était sous l'Ancien Régime ; celui-ci « adoptait » en effet les noms en provenance de l'étranger, en les francisant un peu... Cela permettait l'enrichissement du « capital » des noms existants. Depuis que cette « absorption » ne se produit plus, le nombre des noms français existants se réduit sans cesse (ceci résultant d'une loi inexorable), et on peut envisager le jour où tout le monde en viendra à porter le même patronyme, ou presque... Une attitude « ouverte » était sans doute préférable...

Ce n'est donc pas un bon moyen de faire vivre une langue que d'édicter des interdits... On pense à la formule employée par du Bellay pour intituler son manifeste : « Défense et illustration de la langue française » ; il la défend certes, mais en voulant l'illustrer, en l'enrichissant par différents moyens (des mots nouveaux sont forgés à partir de vocables régionaux, de mots techniques ; de vieux mots sont retrouvés...). Et sa théorie, on peut le noter, débouche sur une pratique poétique, la sienne comme celle de la Pléiade. Il ne s'agit donc pas d'une attitude de pure défense, un peu stérile.

Certes, à l'encontre de ceux qui veulent « protéger » la langue, certains vont très loin. Par exemple Henri Michaux, poète contemporain, bouscule les habitudes de vocabulaire, et semble attaquer la langue. *Cf.* son poème « Le grand Combat » : « Il l'emparouille et l'endosque contre terre ; / Il le rague et roupète jusqu'à son drâle. » Ce genre d'expression n'est pas dépourvu d'une certaine puissance de vie, la structure grammaticale subsistant ici pour que l'ensemble soit compréhensible. Cependant les limites d'une telle poésie sont évidentes : ou il ne s'agit que d'un jeu ponctuel, où tout langage est exposé à s'anéantir... il faut donc tout de même faire montre de prudence dans les innovations... La vitalité excessive d'une langue toujours en quête de « nouveau » pourrait entraîner sa mort. Il est d'ailleurs à remarquer que Ronsard et du Bellay, malgré leur désir d'enrichir la langue, ont insisté sur la sagesse qu'il était nécessaire de garder, pour respecter l'harmonie et ce qu'ils appelaient le « génie » du français. De leurs créations, dans l'ensemble discrètes, beaucoup se sont acclimatées.

• Les raisons du repli du français sont-elles uniquement liées au déclin de la littérature française, comme le suggère l'auteur ?

Certains ont pu noter que la « suprématie » du français correspondait à une période de rayonnement politique et économique de la France. La supériorité actuelle de l'anglais ne marque-t-elle pas surtout un renversement sur ce plan (on parle le langage du « plus fort ») ? Et si le vocabulaire technique est émaillé d'anglicismes, n'est-ce pas parce qu'on se réfère — à tort ou à raison — à la civilisation anglo-saxonne en ce domaine ?

• Le problème de la destination de la littérature.

Cf. la fin du texte ; « la préciosité ne séduira jamais les gros bataillons ». Se référer au corrigé du troisième sujet donné dans l'académie de Montpellier.

ACADÉMIE DE PARIS

C'est la photographie qui avait fait naître en 1839 le mot de photogénie. Il y est toujours utilisé. Nous nous découvrons, devant nos clichés, « photogéniques » ou non, selon une mystérieuse majoration ou péjoration. La photographie nous flatte ou nous trahit ; elle nous donne ou nous dénie un je ne sais quoi.

Certes la photogénie du cinématographe ne peut se réduire à celle de la photographie. Mais c'est dans l'image photographique que réside leur source commune. Pour éclairer le problème il est de bonne méthode de partir de cette source même.

Quoique immobile, l'image photographique n'est pas morte. La preuve en est que nous aimons des photos, les regardons. Pourtant elles ne sont pas animées. Cette remarque faussement naïve nous éclaire. Au cinématographe nous pourrions croire que la présence des personnages vient de la vie — le mouvement — qui leur est donné. Dans la photographie, c'est évidemment la présence qui donne vie. La première et étrange qualité de la photographie est la présence de la personne ou de la chose pourtant absente. Cette présence n'a nullement besoin, pour être assurée, de la subjectivité médiatrice d'un artiste. Le génie de la photo est d'abord chimique. La plus objective, la plus mécanique de toutes les photographies, celle du photomaton, peut nous transmettre une émotion, une tendresse, comme si d'une certaine façon, selon le mot de Sartre, l'original s'était incarné dans l'image. Et du reste, le maître mot de la photographie « Souriez » implique une communication subjective de personne à personne par le truchement de la pellicule, porteuse du message d'âme. La plus banale des photographies recèle ou appelle une certaine présence. Nous le savons, nous le sentons, puisque nous conservons les photographies sur nous, chez nous, nous les exhibons, (en omettant significativement d'indiquer qu'il s'agit d'une image « voici ma mère, ma femme, mes enfants »), non seulement pour satisfaire une curiosité étrangère, mais pour le plaisir évident de les contempler nous-même une fois de plus, nous réchauffer à leur présence, les sentir près de nous, avec nous, en nous, petites présences de poche ou d'appartement, attachées à notre personne ou notre foyer.

Les pères et mères défunts, le frère tué à la guerre, regardent au milieu de leur grand cadre, veillent et protègent la maison campagnarde comme des dieux lares. Partout où il y a foyer, les photographies prennent la succession des statuettes ou objets autour desquels s'entretenait le culte des morts. Elles jouent, de façon atténuée parce que le culte des morts est lui-même atténué, le même rôle que les tablettes chinoises, ces points d'attache d'où les chers disparus sont toujours disponibles à l'appel.

La diffusion de la photographie n'a-t-elle pas en partie ranimé les formes archaïques de la dévotion familiale ? Ou plutôt les besoins du culte familial n'ont-ils pas trouvé, dans la photographie, la représentation exacte de ce qu'amulettes et objets réalisaient d'une façon imparfaitement symbolique : la présence de l'absence ?

La photographie, dans ce sens, peut être exactement nommée, et cette identification va loin : souvenir. Le souvenir peut lui-même être nommé vie retrouvée, présence perpétuée.

Photo-souvenir, les deux termes sont accolés, mieux interchangeables. Écoutons ces commères : « Quels beaux souvenirs ça vous fait, quels beaux souvenirs ça vous fera. » La photographie fait fonction de souvenir et cette fonction peut jouer un rôle déterminant comme dans le tourisme moderne qui se prépare et s'effectue en expédition destinée à rapporter un butin de souvenirs, photographies et cartes postales au premier chef. On peut se demander quel est le but profond de ces voyages de vacances, où l'on part admirer monuments et paysages que l'on se garderait bien de visiter chez soi. Le même Parisien qui ignore le Louvre, n'a jamais franchi le porche d'une église, et ne détournera pas son chemin pour contempler Paris du haut du Sacré-Cœur, ne manquera pas une chapelle de Florence, arpentera les Musées, s'épuisera à grimper aux Campaniles ou à atteindre les jardins suspendus de Ravello. On veut voir bien sûr, et pas seulement prendre des photos. Mais ce que l'on cherche, ce que l'on voit est un univers qui, à l'abri du temps ou du moins supportant victorieusement son érosion, est déjà lui-même souvenir. Montagnes éternelles, îles du bonheur où s'abritent milliardaires, vedettes, « grands écrivains », et bien entendu, surtout, les sites et monuments « historiques », royaume de statues et de colonnades, Champs-Élysées des civilisations défuntes... C'est-à-dire royaume de la mort, mais où la mort est transfigurée dans les ruines, où une sorte d'éternité vibre dans l'air, celle du souvenir transmis d'âge en âge. C'est pourquoi les guides et baedekers [1] méprisent l'industrie et le travail d'un pays pour n'en présenter que sa momie embaumée au sein d'une immobile nature. Ce qu'on appelle l'étranger apparaît finalement dans une étrangeté extrême, une fantomalité accrue par la bizarrerie des mœurs et de la langue inconnue (abondante récolte de « souvenirs » toujours). Et de même que pour les archaïques l'étranger est un esprit en puissance, et le monde étranger une marche avancée du séjour des esprits, de même le touriste va comme dans un monde peuplé d'esprits. L'appareil gainé de cuir est comme son talisman [2] qu'il porte en bandoulière. Et alors, pour certains frénétiques, le tourisme est une chevauchée itinérante entrecoupée de multiples déclics. On ne regarde pas le monument, on le photographie. On se photographie soi-même aux pieds des géants de pierre. La photographie devient l'acte touristique lui-même, comme si l'émotion cherchée n'avait de prix que pour le souvenir futur : l'image sur pellicule, riche d'une puissance de souvenir au carré.

Edgar Morin, *Le Cinéma ou l'Homme imaginaire,* 1956.

L'épreuve comporte deux parties :

1. Dans une première partie, vous présenterez un *résumé* ou une *analyse* de ce texte, en indiquant nettement votre choix au début de la copie.

2. Dans une deuxième partie, intitulée *discussion* vous dégagerez du texte un problème auquel vous attachez un intérêt particulier ;

1. Baedekers : série de guides célèbres du XIXᵉ siècle.
2. Talisman : objet auquel on attribue la vertu de protéger celui qui en est porteur.

vous en préciserez les données et vous exposerez, sous forme d'une argumentation ordonnée, en vous appuyant sur des exemples, vos propres vues sur la question.

Corrigé

RÉSUMÉ

Les reproductions offertes par la photographie, comme par le cinématographe, ajoutent ou retirent quelque chose à l'original. Mais bien que figées, elles ne sont pas sans vie et donnent corps à ce qui est loin, par la seule grâce d'une réaction chimique, réalisant ainsi un lien entre le sujet représenté et celui qui le regarde. C'est la raison pour laquelle nous y tenons.

Dans chaque demeure, elles rendent hommage aux disparus, prenant la place de ce qui rappelait leur existence et prolongeant celle-ci d'une certaine manière.

La photographie tient lieu de témoignage et a une importance centrale dans les déplacements d'agrément. Mais quel est le dessein réel de ceux-ci ? Découvrir des richesses lointaines alors qu'on néglige celles qui nous entourent ? En fait, on veut trouver un monde ayant traversé les époques, donc témoignage en soi, mais on ignore l'intérêt actuel des contrées différentes. On les voit alors infiniment singulières, comme un univers hanté. Et quelques passionnés occupent leurs visites à prendre des photographies, tout l'avantage étant dans l'importance de ces témoignages.

THÈME DE RÉFLEXION CHOISI

« La photographie devient l'acte touristique lui-même, comme si l'émotion cherchée n'avait de prix que pour le souvenir futur : l'image sur pellicule. »

INDICATIONS

On insistera naturellement sur les inconvénients de cette attitude, qui empêche souvent de profiter du moment présent, et de saisir toutes les beautés qu'on est pourtant venu chercher... Mais on objectera que la photographie permet une sorte d'arrêt du temps, et facilite un retour en arrière, un renouvellement de l'émotion, qui est d'ailleurs peut-être magnifiée par l'absence des contingences désagréables (pluie, chaleur, etc.). L'image rappellera souvent un instant fugace, moment dont on ne saurait confier le souvenir à la seule mémoire, de crainte de ses défaillances... d'autant que les visites sont souvent rapides, le temps dont on dispose pour s'imprégner des sensations visuelles (ou autres) est limité. Le touriste japonais, devant l'Arc de Triomphe ou la tour Eiffel, pressé parce qu'il sait qu'il a une multitude de choses à voir, sachant qu'il ne refera pas ce périple, sacrifie le plaisir du moment à celui de son évocation future. De plus, grâce aux photographies qu'on aura prises, à partir de choses vues et appréciées d'un coup d'œil, on obtiendra une image agréable, et l'impression d'avoir soi-même créé de la beauté... Cette satisfaction s'ajoute à celle du voyage.

RÉFLEXIONS D'UN BIOLOGISTE SUR LES EXAMENS

Ils sont assez nombreux, je crois, les jeunes gens qui, séduits par le spectacle de la nature, aimeraient à poursuivre des recherches en biologie. Il est naturel d'aimer la nature ; l'enfant est naturaliste d'instinct. Mais que fait-on pour encourager ce goût ?

« La curiosité, l'amour de la nature sont très atténués dans le public, écrit Etienne Wolff. La faute en est certainement au système d'éducation des enfants, à l'ignorance et aux préjugés des parents (défense de toucher à la sale bête), aux programmes de notre enseignement primaire et secondaire, aux méthodes employées dans nos écoles, nos lycées, nos écoles normales, nos facultés... »

Pour ma part, je connais un bon nombre d'enfants, d'adolescents, qui ont un goût prononcé pour l'histoire naturelle. Ils viennent me trouver, pour me montrer des animaux qu'ils ont récoltés et m'interroger à leur sujet. Je cause longuement avec eux, tout heureux de retrouver en eux un peu de mes ferveurs — et de mes naïvetés — juvéniles. Tout heureux de voir leur œil s'approfondir, et leur souffle se suspendre, quand je leur révèle un beau fait de biologie. Ils savent déjà pas mal de choses, ces enfants, car on apprend facilement tout seul ce qui intéresse. Ils savent des choses que leurs parents ignorent certainement, et que la plupart des grandes personnes ignoreront toujours. Par exemple, ils savent reconnaître une grenouille rousse d'une grenouille verte et même, ce qui est plus délicat, une agile d'une rousse. Ils savent faire la différence entre le grognement du crapaud commun et la flute de l'accoucheur. Ils savent où gite tel insecte, où se cache telle larve...

Or, de tous ces petits naturalistes en herbe, combien, l'âge venu, deviendront des chercheurs ?

Aucun peut-être.

Il faut bien dire que les qualités qui feraient le naturaliste donnent assez peu d'avantage dans la compétition scolaire ; elles risquent de n'être pas remarquées par le maître ; à aucune étape de l'enseignement, il n'existe d'épreuves où l'on teste la capacité d'observation, l'ingéniosité, l'astuce expérimentale.

Je me plais à imaginer des examens, des concours, où l'on présenterait aux candidats deux espèces d'animaux qui leur seraient inconnus — mettons, deux crapauds dont l'un a la pupille verticale et l'autre horizontale, dont l'un porte une glande sur la cuisse et l'autre non —, et où l'épreuve consisterait à découvrir ces différences...

Il est constant que, de nos jours, la réussite scolaire est principalement assurée par l'aptitude aux mathématiques ou par la facilité d'expression. Le problème ou la dissertation française... Les chiffres ou les mots... Le tableau noir ou la page blanche... Autrement dit, symboles et abstractions. Et tout le reste ? Le concret, le réel, le vivant, cela compte-t-il donc pour si peu ?

Je ne voudrais pas ici faire la part trop belle à ceux qu'on appelle les cancres, mais je me permets de penser que, parmi ceux qui, à quinze ans, ne savent pas disserter habilement sur Racine ou résoudre un problème de géométrie, il peut se trouver d'excellents esprits et qui, servis par des mains habiles, eussent fait de bon travail en biologie.

J'ai connu des jeunes gens passionnés pour les sciences de la vie, et qui ne purent réaliser leur rêve de recherche parce qu'ils ne purent franchir certains barrages universitaires. Mon ami Michel Delsol me citait naguère le cas d'un collaborateur bénévole qui avait une remarquable dextérité opératoire et qui ne fut pas admis à poursuivre ses études biologiques parce qu'il était insuffisant en d'autres matières.

En présence de pareils cas, l'on se demande si Henri Laugier n'a pas raison quand il souhaite que, dans les examens et concours, on tienne compte, non pas des notes moyennes mais des « notes décisives », témoignant une aptitude particulière. La France, dit Laugier, a besoin de « champions », fût-ce dans un seul domaine.

On dira : ces purs biologistes eussent été de médiocres biologistes. Voire... Pour eux, en tout cas, je revendique le droit à l'existence...

Jean Rostand (1894-1977), *Aux frontières du surhumain.*

Vous ferez de ce texte, à votre choix, un *résumé* (en suivant le fil du développement) ou une *analyse* (en dégageant la structure logique de la pensée). Vous indiquerez nettement votre choix au début de la copie.

Dans une seconde partie, que vous intitulerez *discussion*, vous choisirez dans le texte un problème auquel vous attachez un intérêt particulier, vous en préciserez les données et vous exposerez, en les justifiant, vos propres vues sur la question.

Corrigé

REMARQUE

Chaque paragraphe de ce texte présente une structure logique aisément repérable : on optera pour le résumé, en ayant soin d'éliminer les exemples cités, dans un but de concision.

THÈMES DE RÉFLEXION SUGGÉRÉS

• « Le concret, le réel, le vivant, cela compte-t-il donc pour si peu ? » : cette critique de certaines carences de l'enseignement est peut-être fondée... Il faut simplement noter qu'un observateur doit être capable d'exprimer ce qu'il a vu (d'où l'utilité de l'apprentissage du français), et de le mettre en lois (l'acquisition d'un esprit scientifique n'est pas inutile). Se reporter par ailleurs au deuxième paragraphe du texte proposé comme premier sujet dans l'académie de Nice : Jean Guéhenno y propose une adaptation progressive de l'enseignement à l'évolution des enfants.

• La relation du maître et des disciples : sans « saisir » la personnalité (les enfants ont déjà fait par eux-mêmes des découvertes, dans le cas cité par Jean Rostand), elle peut éveiller des virtualités (« Quand je leur révèle un beau fait de biologie »).

• L'utilité des « champions » : on critique la notion d'élite. Mais dans tous les domaines, et à tous les niveaux, ces « champions » se manifestent (depuis le domaine sportif jusqu'au domaine de la plus haute recherche, toutes les activités humaines sont concernées par ce phénomène).

ACADÉMIE DE REIMS

S'il existait une femme séduite par la célébrité de l'esprit, et qui voulût chercher à l'obtenir, combien il serait aisé de l'en détourner s'il en était temps encore ! On lui montrerait à quelle affreuse destinée elle serait prête à se condamner. Examinez l'ordre social, lui dirait-on, et vous verrez bientôt qu'il est tout entier armé contre une femme qui veut s'élever à la hauteur de la réputation des hommes.

Dès qu'une femme est signalée comme une personne distinguée, le public en général est prévenu [1] contre elle. Le vulgaire ne juge jamais que d'après certaines règles communes, auxquelles on peut se tenir sans s'aventurer [2]. Tout ce qui sort de ce cours habituel déplaît d'abord à ceux qui considèrent la routine de la vie comme la sauvegarde de la médiocrité [3]. Un homme supérieur déjà les effarouche ; mais une femme supérieure, s'éloignant encore plus du chemin frayé, doit étonner, et par conséquent importuner davantage. Néanmoins un homme distingué ayant presque toujours une carrière importante à parcourir, ses talents peuvent devenir utiles aux intérêts de ceux mêmes qui attachent le moins de prix aux charmes de la pensée. L'homme de génie peut devenir un homme puissant, et, sous ce rapport, les envieux et les sots le ménagent ; mais une femme spirituelle [4] n'est appelée à leur offrir que ce qui les intéresse le moins, des idées nouvelles ou des sentiments élevés : sa célébrité n'est qu'un bruit fatigant pour eux.

La gloire même peut être reprochée à une femme, parce qu'il y a contraste entre la gloire et sa destinée naturelle. L'austère vertu condamne jusqu'à la célébrité de ce qui est bien en soi, comme portant une sorte d'atteinte à la perfection de la modestie. Les hommes d'esprit, étonnés de rencontrer des rivaux parmi les femmes, ne savent les juger, ni avec la générosité d'un adversaire, ni avec l'indulgence d'un protecteur ; et dans ce combat nouveau, ils ne suivent ni les lois de l'honneur, ni celles de la bonté. (...)

Ce n'est pas tout encore : l'opinion semble dégager les hommes de tous les devoirs envers une femme à laquelle un esprit supérieur serait reconnu : on peut être ingrat, perfide, méchant envers elle, sans que l'opinion se charge de la venger. N'est-elle pas une femme extraordinaire ? Tout est dit alors ; on l'abandonne à ses propres forces, on la laisse se débattre avec la douleur. L'intérêt qu'inspire une femme, la puissance qui garantit un homme, tout lui manque souvent à la fois : elle promène sa singulière existence, comme les Parias de l'Inde, entre toutes les classes dont elle ne peut être, toutes les classes qui la considèrent comme devant exister par elle seule, objet de la curiosité, peut-être de l'envie, et ne méritant en effet [5] que la pitié.

Madame de Staël (1766-1817), *De la littérature*. 2e partie, ch. IV :
« Des femmes qui cultivent les lettres. »

1. Animé d'un préjugé défavorable.
2. Courir des risques.
3. « Sauvegarde de la médiocrité » : situation moyenne.
4. Intelligente.
5. En réalité.

Après avoir fait, en indiquant votre choix, le *résumé* ou l'*analyse* du texte, vous dégagerez de ce même texte un problème que vous jugez important, vous en préciserez les données et vous exposerez, en les justifiant, vos propres vues sur la question.

Corrigé

ANALYSE

Madame de Staël considère le sort de la femme qui, douée d'un esprit supérieur, prétendrait s'en servir et outrepasser sa condition féminine. Elle est *a priori* condamnée : qui sort de l'ordinaire, homme ou femme, heurte une société routinière. On se méfie de lui. Toutefois, en un homme de génie, on respecte le puissant virtuel, même si on se soucie peu de ses mérites. Mais l'originalité d'une femme dérange davantage encore les idées reçues, et comme ses talents n'ont d'intérêt qu'en eux-mêmes, on les ignore.

Le simple fait qu'une femme sorte du commun, même pour bien agir, entraîne d'ailleurs la réprobation : elle a oublié la retenue propre à son sexe.

La situation de la femme d'esprit est donc très inconfortable : ses homologues masculins ne la traitent pas en égale, mais ils ne la ménagent pas non plus comme une inférieure. Quant à l'ensemble des hommes, ils se croient même libérés de toute obligation envers elle, sous prétexte de sa singularité : elle n'a donc droit ni à la considération due à la puissance, ni aux égards réservés aux femmes. Elle n'a place nulle part, et Madame de Staël plaint sa destinée.

INDICATIONS

Se reporter au texte de Marguerite Yourcenar, donné dans l'académie de Bordeaux.

ACADÉMIE DE RENNES

SCIENCE ET MEDIAS

Pour le scientifique, le journaliste est toujours « trop pressé » ; pour le journaliste, le scientifique est toujours « trop prudent ». Cette petite phrase pourrait exprimer la contradiction — et parfois la relation conflictuelle — qui existe entre deux fonctions fondées sur la communication et par nature complémentaires. Les scientifiques ont en effet besoin de publier dans des revues spécialisées et, dans certains cas, de faire connaître la portée de leurs travaux par les médias. Les journalistes, de leur côté, s'appuient sur les travaux des chercheurs pour informer le public du progrès scientifique.

La communication entre les scientifiques et le public est aujourd'hui plus importante qu'elle ne l'a jamais été. La plupart des grands problèmes de l'actualité font appel, de près ou de loin, à des connaissances scientifiques ou techniques. Ainsi en est-il de l'énergie, de l'information, de la biologie, de l'espace ou des télécommunications. Même de grands thèmes sociaux et économiques comme l'avortement, la faim dans le monde, la pollution, l'automation ou la croissance industrielle impliquent, à la base, un débat technique.

Il existe cependant des contradictions profondes entre la fonction du scientifique, source d'informations nouvelles, et celle du journaliste, « traducteur » de ces informations en termes compréhensibles et motivants pour le public. La recherche scientifique se fonde en effet sur un processus continu, tandis que les médias réagissent à partir d'événements discontinus. Les exigences de l'actualité priment souvent sur les informations en profondeur nécessaires aux lecteurs pour situer le thème traité et en mesurer la portée. Présentée ainsi comme une « mosaïque » d'événements spectaculaires, sans relations réelles les uns avec les autres, la science, à la longue, apparaît au public tantôt comme une simple source d'innovations et d'applications industrielles, tantôt comme un remède mythique à la plupart de nos maux.

La contradiction entre sciences et médias se retrouve dans leur conception même de la nature de l'information. Pour les médias, l'information doit être nouvelle, intéressante, immédiate. Elle doit reposer sur des faits concrets afin d'attirer l'attention du public. Sans un prétexte d'actualité — sans *peg* (porte-manteau), comme l'appellent les journalistes anglo-saxons —, une information scientifique ne « passe » pas. A moins, peut-être, de réveiller la crainte de l'inconnu, grand thème permanent des relations entre science et médias. Pour que les informations qu'il transmet répondent à l'attente du public, le journaliste est souvent conduit à mettre l'accent sur les applications de la science, au détriment, parfois, du processus même de la découverte et de l'acquisition désintéressée des connaissances fondamentales. Une publication de biologie, par exemple, sera considérée comme nouvelle, intéressante et immédiate si elle a une relation avec le cancer, ou si elle relance le débat sur les manipulations génétiques. Le journaliste souhaite également — et c'est son rôle — replacer les faits dans un contexte économique, social, politique ou idéologique. Il doit donc, aussi, prendre parti. Cette nécessité de privilégier un événement peut parfois, selon les scientifiques, nuire au caractère objectif et didactique d'un article.

Le travail des scientifiques se fonde, quant à lui, sur un processus continu, se référant constamment à un passé construit à partir de multiples acquis, confirmés et validés par les expériences d'autres scientifiques. La recherche, par nature, est confrontée à l'inconnu. Le taux d'erreurs dans les résultats obtenus est donc très élevé. D'où la prudence du scientifique avant toute publication, sa rigueur dans la vérification de ses résultats, sa crainte d'une divulgation prématurée ou d'une trop grande « publicité » accordée à ses travaux. Il veut, en effet, n'être jugé que par ses pairs, sur la qualité et la reproductibilité de ses résultats. Son recours à un vocabulaire spécialisé est parfois un refuge, un moyen d'exercer son pouvoir dans un « territoire » bien défini : sa discipline scientifique. Et cela pour défendre ce territoire contre la concurrence. Parler en termes clairs à l'attention du grand public rend le scientifique momentanément vulnérable, le prive d'une partie de ses pouvoirs. On comprend que ces risques cumulés ne l'incitent guère à communiquer avec le public par l'intermédiaire des grands médias.

Il existe cependant de nombreuses raisons pour qu'une collaboration efficace s'établisse entre science et médias. Mais elle demande des concessions de part et d'autre. Il est utile, par exemple, que le scientifique s'imprègne des contraintes du métier de journaliste, des limitations d'espace ou de temps de la presse écrite ou audiovisuelle, des impératifs du « bouclage ». Il doit également faire confiance aux professionnels de la communication. Reconnaître qu'il ne « passe » pas toujours bien à la télévision. Accepter parfois de relever des défis, tels qu'« expliquer » l'immunologie en « 1 minute 30 » au journal de 20 heures...

De son côté, le journaliste doit comprendre les contraintes inhérentes à la vie du scientifique, les problèmes posés par les relations avec ses collègues, le langage spécialisé, le maintien d'une « réputation ». Il doit aussi tenter de donner au public le sens du processus par lequel se construit la science, souligner les doutes autant que les certitudes, les échecs autant que les succès. Car, à trop vouloir primer l'événement, on oublie souvent l'histoire, l'aventure de la recherche.

La communauté d'intérêts entre science et médias peut conduire à de nouvelles formes de communication de masse. La transmission d'informations scientifiques à des publics différents repose sur de la bonne ou de la mauvaise pédagogie. Je préfère donc parler de « pédagogie de grande diffusion » plutôt que de « vulgarisation », terme qui ne me paraît plus approprié. Le but d'une telle pédagogie est de transmettre des connaissances nouvelles en motivant l'interlocuteur, pour lui donner envie d'en savoir plus. Elle peut avoir recours, pour cela, à des modes de communication interdépendants : textes, illustrations, schémas, bandes dessinées, jeux, programmes d'ordinateur, etc. C'est à ce niveau que la complémentarité entre scientifiques et journalistes peut prendre tout son sens ; le scientifique aide au découpage de l'article ou de l'émission, fournit les bases et les illustrations, tandis que le journaliste choisit les exemples les plus frappants, les modes de présentation les plus appropriés et resitue les éléments dans un ensemble cohérent.

Joël De Rosnay.

Vous ferez d'abord de ce texte, à votre gré, un *résumé* (en suivant le fil du texte) ou une *analyse* (en reconstituant la structure logique de la pensée, c'est-à-dire en mettant en relief l'idée principale et les rapports qu'entretiennent avec elle les idées secondaires). Vous indiquerez nettement votre choix au début de la copie.

Dans une seconde partie, que vous intitulerez discussion, vous dégagerez du texte un problème qui offre une réelle consistance et qui vous aura intéressé(e). Vous le préciserez et vous exposerez vos propres vues sous la forme d'une argumentation ordonnée, fondée sur des faits, et menant à une conclusion.

INDICATIONS

On choisira la formule du résumé pour ce texte dont la progression est claire (la communication entre les scientifiques et le public est importante aujourd'hui ; l'homme de science et le journaliste ont des fonctions contradictoires, et cela tient à la nature même de chacune de leurs activités ; des concessions réciproques sont donc nécessaires).

THÈME DE RÉFLEXION SUGGÉRÉ

• Le doute scientifique face au besoin humain de certitudes. (La science n'avance qu'à l'aide d'hypothèses de travail, de remises en question des acquis — cf. *La philosophie du non* de Gaston Bachelard — et cette indétermination effraie les non-initiés.)
• Un éveil scientifique n'est-il pas souhaitable, même s'il n'est que de qualité très médiocre ?

ACADÉMIE DE ROUEN

COMMENT NAISSENT LES SECTES

A l'origine de toutes les sectes, bien intentionnées ou funestes, on trouve le besoin d'échapper à la vie ordinaire et quotidienne. Il est éternel, et on l'observe déjà dans les tribus primitives, avec le foisonnement des rites, des mythes, des groupements plus ou moins magiques. Mais ce qui, dans le contexte moderne, peut surprendre, c'est que cette actuelle renaissance du sacré dément les prévisions qui, naguère, présentaient son déclin comme inévitable et accéléré. Il est donc probable que la recherche exclusive de la jouissance, du confort ou de la puissance matérielle a fini par paraître d'autant plus vaine et décevante qu'elle ne s'épuisait pas dans ses réussites. Ainsi, la civilisation d'abondance engendre une espèce particulière d'insatisfaction qui n'est pas négative comme l'est la frustration, mais qui est plutôt visée vers autre chose, voire même besoin de transcendance. Cet appel à un au-delà, à un dépaysement, peut conduire à la vraie religion, mais parfois simplement à la fuite hors de tout ce qui est usuel.

Il s'y ajoute souvent la quête d'une nouvelle identité, ou, si l'on préfère, d'un autre Moi, qui semble plus rassurante si elle est vécue avec des partenaires. D'où le grégarisme [1] primaire et la naissance de petites communautés de marginaux ayant rompu les amarres avec la famille et tous les cadres sociaux ordinaires. On rejoint ainsi la définition de la secte énoncée par le Père Jean Vernette dans le *Guide des religions,* comme « un groupement contractuel de volontaires professant de manière absolue un credo particulier et proposant à ses membres un idéal rigoureux de perfection personnelle ».

---

1. *Grégarisme :* tendance à vivre en troupes.

Encore faudrait-il ajouter, pour bien distinguer la secte de la religion proprement dite, que ce groupement contractuel se constitue non seulement autour d'un idéal, mais aussi en s'entourant de barrières, pour se présenter comme une sorte d'enclos, non intégré dans la société ambiante.

Un degré de plus dans le sectarisme est franchi lorsque intervient l'inévitable nécessité d'accepter des règles et même une discipline, plus dure parfois que celle dont on a voulu fuir l'emprise. Souvent même, c'est pour n'avoir pas eu la force de vivre dans un milieu trop permissif et pour n'avoir pas trouvé dans la famille l'autorité indispensable que des jeunes gens deviennent les proies de groupuscules qui les broient.

C'est là qu'il devient difficile d'apprécier la limite entre d'un côté l'adhésion enthousiaste à un idéal et de l'autre le conditionnement, la manipulation des esprits asservis. On n'a pas encore oublié le charnier du « Temple du Peuple » dont neuf cents adeptes, en 1978, se suicidèrent collectivement sur l'ordre de leur chef Jim Jones.

Dans le cas qui fait crier Roger Ikor [1], intervient un nouvel ingrédient que l'on trouverait dans beaucoup de sectes apparemment inoffensives. C'est le mythe du retour à la nature. Les thèses écologistes en sont un avatar parfois utile lorsqu'elles défendent la qualité de l'environnement, mais dangereux souvent par ses excès. Il faudrait s'entendre sur ce que représente la nature. Elle contient bien des éléments nuisibles, comme le montre entre autres Leprince-Ringuet. Et la nature propre de l'homme n'implique-t-elle pas la vocation de transformer et de maîtriser la nature brute ?

Depuis quelques années la mode est au procès de la science et du progrès. Cela va jusqu'à l'éloge de l'ignorance et presque à une nostalgie de l'homme de Cro-Magnon. La critique systématique de la société industrielle conduit à un pessimisme total ne laissant que deux issues logiques : d'un côté, la révolte destructrice à la manière des bandes terroristes ; de l'autre, le renoncement à la vie civilisée, à son hygiène, à sa médecine, comme le prêche notamment le Zen macrobiotique [2].

Dans les deux cas, quelques individus illuminés ou rusés profitent de la sinistrose pour jouir de leur puissance sur des êtres fragiles ou pour extirper leur argent.

Jean Cazeneuve, *La Vie dans la société moderne.*

Vous ferez à votre choix, soit un résumé de ce texte, soit une analyse. Vous indiquerez nettement en tête de l'exercice le mot *résumé* ou le mot *analyse.*

Vous choisirez ensuite dans le texte un problème qui offre une réelle consistance et qui vous aura intéressé(e). Vous en préciserez les données et vous présenterez votre avis personnel sous la forme d'une argumentation ordonnée, menant à une conclusion précise.

---

1. Roger Ikor, essayiste contemporain, a perdu un fils tombé sous la coupe d'une secte répondant au nom de « Zen macrobiotique » : soumis à un régime alimentaire débilitant, le jeune homme finit par se suicider. Son père témoigne dans une œuvre intitulée *Je porte plainte.*

2. « Zen macrobiotique » : nom d'une secte qui s'inspire de principes de la philosophie asiatique et impose des régimes végétariens excessifs.

Corrigé

RÉSUMÉ

Sortir de la banalité, c'est ce désir qui explique les sectes. Mais ce renouveau du sacré étonne alors qu'on prédisait sa fin. Il faut croire que la poursuite du bien-être ne contente pas l'homme, qui aspire à s'évader de son cadre.

Il y a aussi l'envie de changer de personnalité, plus facile à satisfaire au milieu d'individus ayant les mêmes buts, et groupés à l'écart de la société. Là il faut se soumettre à des règlements souvent plus draconiens que ceux qu'on a rejetés, faute d'avoir été guidé avec fermeté. On a peine alors à déterminer la part d'acceptation et celle d'assujettissement.

Sous prétexte de se rapprocher de l'état primitif, nombre de sectes deviennent redoutables par leur vision partielle de la nature. De nos jours, il est courant d'attaquer le progrès et cette condamnation entraîne deux attitudes : l'opposition violente, ou le refus des bienfaits de la société.

Il se trouve toujours des gens pour tirer parti de ces tendances et s'imposer aux faibles.

THÈMES DE RÉFLEXION SUGGÉRÉS

• La renaissance du sacré ? : *cf.* le texte donné dans l'académie de Toulouse.
• Enthousiasme et fanatisme.

ACADÉMIE DE STRASBOURG

Notre civilisation offre un contraste essentiel avec toutes les civilisations — tant la nôtre jusqu'au XVIIᵉ siècle que la civilisation chinoise — qui se sont toutes incarnées dans des formes expressives de valeur, formes matérielles ou immatérielles.

La société moderne au contraire se manifeste en flux et l'on peut la dire héraclitéenne, d'autant plus qu'elle est animée par le feu, autre thème d'Héraclite [1]. Tout coule et tout ce qui a été apporté est emporté à un rythme de plus en plus rapide ; rien n'est fait pour durer et la valeur d'une construction est estimée selon le flux des services qu'elle rendra pendant une courte suite d'années, services estimés à un prix décroissant selon que l'année est plus éloignée. (...) A ce compte on n'aurait jamais bâti de cathédrales. C'est une société qui ne plante pas des chênes mais des résineux ou des peupliers.

A ce flux, tout ce qui préexistait n'est plus fondement mais obstacle. De même que dans Paris les Portes Saint-Martin et Saint-Denis gênent la circulation automobile, de même dans l'ordre intellectuel il faut faire place aux savoirs nouveaux, éliminer les savoirs anciens. La révolution culturelle n'est pas, comme on la présente, révolte contre la marche de notre société, mais au contraire une révolution culturelle permanente lui est consubstantielle [2].

---

1. Héraclite : philosophe grec, auteur de la célèbre formule « Tout coule ».
2. Consubstantiel à... : qui fait partie intégrante de...

Vivre dans un flux rapide n'est pas du goût de tous. Beaucoup le trouvent angoissant matériellement et moralement. Et d'abord matériellement. Lorsque l'on dit avec sérénité que le travailleur devra changer d'emploi plusieurs fois au cours de sa vie, se représente-t-on bien ce que cela signifie en attente de débauchage, en recherche d'emploi nouveau, en déracinement à partir de l'environnement de travail qui lui était habituel, en changement de domicile et de voisins, en insécurité qui ne peut être compensée, incomplètement aujourd'hui, mieux demain, que sous la forme financière seulement ? (...) Nous sommes la première civilisation génératrice de nomades alors que les nomades ont été de tout temps de redoutables destructeurs de civilisations. Et moralement, il y a perte de points de repère. Comme le décor physique change, ainsi les normes, ainsi les usages.

L'homme, entendez l'individu, aime le changement, mais essentiellement celui dont il est l'auteur. Tandis qu'il le cause il se sent agissant, puissant, et après l'avoir causé il se sent fier de son ouvrage. Mais il a toujours redouté au contraire le déchaînement des éléments. Or, ce qui se passe aujourd'hui a, pour l'individu, la dimension de phénomènes élémentaux [1]. Ce sont phénomènes hors de proportion avec sa faible personne, qui lui rendent le gain de sa vie impossible sur sa terre natale, qui le déplacent vers des agglomérations où il arrive en étranger, qui l'éliminent de l'emploi qu'il avait trouvé, qui d'autre part lui apportent des produits qu'il n'avait pas imaginés. Faire n'est plus activité qui lui soit propre ou commune avec des compagnons de son enfance ou avec des associés par lui choisis. Le pouvoir de faire est concentré dans de grandes organisations où il prend rang suivant ses lettres de noblesse : pair s'il est issu des grandes écoles, gentilhomme si c'est de l'Université, et le reste à l'avenant.

Le pouvoir de faire étant concentré, seul le pouvoir de consommer est personnel : aussi est-il naturel qu'on y attache de l'importance. Et il n'est pas impropre de dénommer société de consommation celle où cette fonction irresponsable est la seule qui soit exercée souverainement par l'individu.

Notre forme d'organisation ne donnant à l'individu qu'une forme de pouvoir, le pouvoir d'achat, qui est par destination une satisfaction limitée à lui et à ses proches immédiats, est une école d'irresponsabilité sociale.

Bertrand de Jouvenel, article de l'ouvrage collectif, *Économie et société humaine,* Denoël, 1972, pp. 89 à 91.

Vous ferez de ce texte soit un *résumé* qui en respecte le mouvement, soit une *analyse* qui en distingue et ordonne les thèmes. Puis vous choisirez dans le texte un problème qui vous paraît important et vous direz quelles réflexions il vous inspire.

---

1. Phénomènes élémentaux : à prendre ici au sens de « catastrophes naturelles ».

Corrigé

RÉSUMÉ

Notre culture diffère de toutes les autres, qui ont laissé des traces durables. De nos jours tout arrive par vagues et se voit remplacé de même, sans cesse. On ne produit plus en vue d'un long usage. A cette question continue s'oppose ce qui est en place, même dans les sciences. Notre monde évolue par le renouvellement constant des connaissances.

Peu nombreux sont ceux qui apprécient cette poussée et envisagent avec calme les problèmes soulevés par l'instabilité des situations. Pour la première fois, l'évolution du monde engendre l'errance qui balaie toute référence. Et si l'être humain regarde avec plaisir les transformations qu'il provoque lui-même, il craint celles qui lui sont imposées de l'extérieur. Elles le dépassent, l'obligent à changer de lieux de vie, de genre de travail. Seul, il n'est plus à la hauteur des réalisations actuelles qui demandent la coopération d'une foule de capacités diverses. Individuellement, l'homme n'a plus que la puissance d'acheter ; il est ainsi uniquement tourné vers ses besoins, sans se soucier de ceux de l'ensemble.

THÈME DE RÉFLEXION SUGGÉRÉ

« Notre forme d'organisation ne donnant à l'individu qu'une forme de pouvoir, le pouvoir d'achat, qui est par destination une satisfaction limitée à lui (…) est une école d'irresponsabilité » : sans doute cette affirmation contient-elle des éléments fondés. Mais le pouvoir d'achat n'est pas le seul qui subsiste ; il y a aussi le pouvoir de créer (*cf.* l'artisanat, l'art). Si on peut parler d'irresponsabilité, n'est-ce pas plutôt parce que la création — possible — est souvent tournée vers les propres besoins de chacun ?

ACADÉMIE DE TOULOUSE

L'astrologie est entrée dans les mœurs de l'Occident en cette seconde moitié du XXᵉ siècle plus qu'à aucune autre époque de l'Histoire, grâce à la diffusion que lui donne la presse. Elle se grandit tant qu'elle peut, se dilatant dans le vide immense de notre vie spirituelle avec ses revues particulières, ses pages et ses colonnes réservées dans la plupart des quotidiens et des hebdomadaires. Qu'un périodique constate une baisse dans son tirage, il lui suffit d'annoncer « vos chances en amour et en argent » pour redresser aussitôt la courbe de sa vente et la maintenir tout au long d'une savante distillation des douze signes et des trente-six décans.

Mais il n'y a pas que la presse. Tout un peuple d'astrologues, de devins et de voyantes vit de cette angoisse de l'homme blanc. Ils sont plus nombreux qu'au temps de Babylone ou de Memphis, plus respectés qu'à Athènes et à Rome ; près de dix mille dans la région parisienne payant une patente plus élevée que celle des médecins et ayant sans doute un chiffre d'affaires au moins égal.

D'inoffensifs bijoux de bazar deviennent autant de talismans parés des noms prestigieux de « croix merveilleuse », « gemme mysté-rieuse », « bijou irradiant ».

Un hebdomadaire imprime les signes planétaires de Paracelse [1] et les offre en prime à ses lecteurs : il suffit de les découper et de les coller sur du bristol pour que la chance se tourne enfin vers celui qui les portera avec foi.

Tout se passe comme si quatre siècles de rationalisme apparent s'effondraient en silence.

Il est impossible de délimiter l'ampleur de ce phénomène sociologi-que. Les chercheurs entendent rester dans une perspective marxiste et veulent ignorer ce grand mouvement de l'Occident qui ne s'accorde pas avec leurs théories de base. Les spécialistes de la sociologie religieuse acceptent de mettre en statistiques la pratique des religions officielles, mais refusent d'envisager les produits de remplacement grâce auxquels l'homme blanc désacralisé calme son angoisse.

Même si les sociologues acceptaient de voir enfin, par-delà leurs spéculations philosophiques, les réalités de la vie quotidienne, une enquête de ce genre serait bien difficile à mener. Quelle maîtresse de maison avouera passer plus de temps chez la voyante que chez le coiffeur, quel homme d'affaires reconnaîtra avoir envoyé dix timbres pour recevoir « notre brochure illustrée sur le pentacle [2] miraculeux sans aucun engagement de votre part », quel banquier dira qu'il ren-contre toutes les semaines une concierge illuminée et qu'il attend d'un esprit-guide des conseils pour jouer en Bourse, quel homme poli-tique en vue admettra qu'il puise son espérance dans la voix d'une vieille femme penchée sur le marc de café ?

Sans doute, au XXᵉ siècle, le point de tout cela pourrait-il être fait si la science officielle cessait de se voiler la face. Il est possible d'éva-luer le bien-fondé de l'astrologie en confiant à des machines électroni-ques cent mille horoscopes, par exemple, et autant de biographies mises en fiches perforées. Il n'y aurait là, pour un groupe de cher-cheurs, que quelques années de travail, après quoi, nous saurions, chiffres en main, s'il faut admettre ou interdire ; si l'astrologie doit être enseignée dans les facultés, comme la psychologie, par exem-ple, ou démasquée comme une escroquerie.

Mais peut-être l'homme blanc veut-il garder son incertitude. L'astrologie est le dernier lien qui l'unit au merveilleux, elle persiste en Occident par son côté matériel dont tout le monde s'accommode : elle paraît aussi probable qu'une météorologie, elle ne demande aucun renoncement, ne laisse entrevoir aucune promesse.

L'homme blanc croit à la chance, à la veine, à la fortune, au mariage heureux, aux gains, à la Loterie nationale, au tiercé ou au « totocalcio » [3] comme le condamné à la réclusion perpétuelle croit à la Belle [4], au tremblement de terre qui détruira les murs de sa prison,

---

1. Paracelse : médecin et alchimiste du XVIᵉ siècle.
2. Pentacle : talisman en forme d'étoile à cinq branches, portant des signes magiques.
3. Totocalcio : forme de pari pratiquée en Italie.
4. La Belle : l'évasion.

à la révolution qui lui en ouvrira les portes. Tout un peuple de voyantes, d'astrologues et de marchands de talismans en vit : seule la chance peut permettre de rattraper l'inégalité sociale de notre civilisation et les plus défavorisés y comptent bien.

L'homme blanc est seul dans l'humanité à avoir ce rêve. Son frère des civilisations traditionnelles consulte l'avenir par l'intermédiaire d'un initié ou d'un prêtre pour connaître la volonté des dieux, c'est-à-dire le motif exact de l'harmonie du monde dans lequel il veut s'insérer. L'Occidental cherche un « truc » pour forcer la chance, une « combine », une « tricherie » pour venir à bout du destin, qu'il s'est pourtant forgé lui-même, en pensant : « On ne sait jamais. »

L'homme des civilisations traditionnelles, frappé par la maladie, essaiera de savoir en quoi il a offensé l'Invisible. Si la cause de son mal n'est pas métaphysique — psychosomatique si l'on veut — il cherchera à se procurer les meilleurs remèdes matériels possibles y compris ceux de l'homme blanc.

L'Occidental utilise d'abord tous les remèdes matériels qu'il connaît pour finir entre les mains des guérisseurs, répétant encore : « On ne sait jamais. » Sans jamais chercher en lui la cause de son mal.

Le talisman porté par l'homme des civilisations traditionnelles est une arche d'alliance [1], le rappel d'un contrat passé avec l'Invisible. Les porte-bonheur de plus en plus nombreux de l'Occident ne sont que des gris-gris.

Jean Servier, *L'Homme et l'Invisible,* pages 349-352, Laffont, 1964.

Cette épreuve comprend deux parties :

1. *Contraction.* — Vous ferez de ce texte à votre choix *un résumé* (en suivant le fil du développement) ou une *analyse* (en mettant en relief la structure logique de la pensée, sans vous attacher à l'ordre linéaire du texte).

2. *Discussion.* — Vous choisirez dans le texte un problème qui offre une réelle consistance et qui vous aura intéressé ; vous en préciserez les données et vous exposerez vos vues personnelles sous la forme d'une argumentation ordonnée menant à une conclusion.

Vous distinguerez nettement les deux parties de votre copie en intitulant la première *résumé* ou *analyse* et la seconde *discussion.*

Corrigé

RÉSUMÉ

Le succès grandissant de l'astrologie en Occident est lié à plusieurs facteurs : la disparition de toute dimension sacrée, l'appui inconditionnel de la presse, enfin l'inquiétude profonde des hommes. Bref, les astrologues en profitent pour faire fortune, ruinant toutes les acquisitions de la raison.

---

1. Arche d'alliance : coffre où les Hébreux gardaient les tables de la Loi donnée par Dieu à Moïse sur le mont Sinaï.

Les divers sociologues — qu'ils aient une perspective athée ou religieuse — ne veulent pas se pencher sur ce problème. D'ailleurs, le voudraient-ils qu'ils se heurteraient à bien des obstacles : qui des gens interrogés avouerait s'intéresser à l'astrologie ? Il faudrait étudier ce phénomène à l'aide de techniques quantitatives par exemple, pour décider si l'on doit ou non le réprimer.

Toutefois, il se peut que l'Occidental maintienne ainsi avec le surnaturel l'ultime contact, facile car tangible, et n'exigeant aucun engagement. La chance occupe une grande place dans la vie des Occidentaux ; c'est par elle que les plus pauvres espèrent combler les disparités. Les primitifs s'efforcent de s'accorder avec les dieux, alors que les Occidentaux cherchent à échapper à leur destin. Dans le malheur, les premiers recourent à une explication surnaturelle, quitte à recourir à des solutions profanes, alors que les seconds font l'inverse.

THÈME DE RÉFLEXION CHOISI

« L'astrologie est le dernier lien qui [unit l'homme] au merveilleux, elle persiste en Occident par son côté matériel dont tout le monde s'accommode... elle ne demande aucun renoncement, ne laisse entrevoir aucune promesse. »

PLAN DÉTAILLÉ

I. Explication de la pensée de l'auteur.

1. Le « côté matériel » de l'astrologie.

Elle repose sur quelque chose qui existe assurément (les astres) ; elle se sert d'objets concrets (le marc de café, etc.), qui représentent les rapports de l'homme avec le destin. On finit par n'en percevoir que le côté matériel : si on a tel objet, on a telle certitude. La possession d'un talisman donne confiance, ce qui peut d'ailleurs expliquer certains succès. En outre, le recours à l'astrologie n'est pas étonnant dans notre monde matérialiste, où la possession des richesses ou de leurs *signes* extérieurs est synonyme de bonheur (on retrouve cet attachement aux *signes*).

2. « Elle ne demande aucun renoncement, ne laisse entrevoir aucune promesse. »

Ainsi, le bonheur de l'homme ne passe pas par un changement intérieur (une « conversion »), mais par la possession extérieure d'un objet (qui n'est pas un signe de « conversion », comme la croix l'est pour les Chrétiens). On recourt à l'astrologie de façon gratuite, ou presque (pourquoi pas... on ne sait jamais...). Il suffit de donner un peu — ou beaucoup — d'argent... De cette façon, le bonheur ne se conquiert pas ; il s'achète sans peine.

L'astrologie paraît donc bien convenir à l'homme contemporain, matérialiste, qui dédaigne souvent l'effort moral, qui ne croit qu'en ce qu'il voit, attaché à l'apparence et à l'avoir, plus qu'à l'être.

II. Approfondissement.

Le succès de l'astrologie est dû aussi à deux phénomènes :

1. La faillite de la science.

Celle-ci a cru pouvoir tout expliquer (*cf.* les certitudes des scientistes proclamant la fin de tout mystère, y compris religieux), et le prétend parfois encore (*cf.* le refus de considérer et d'étudier l'astrologie de façon scientifique ; cette démarche supposerait qu'on en reconnaisse l'existence et éventuellement la valeur, ce qui du même coup diminuerait les prétentions de la science).

Or la science rencontre indéniablement des échecs :

• Malgré des progrès éclatants, de nombreux phénomènes restent inexpliqués (les causes réelles de certaines maladies comme la sclérose en plaques sont actuellement inconnues ; on n'a pas une idée précise des origines de l'univers).

• Par ailleurs, elle est incapable de répondre aux grandes questions de l'homme, sur sa vie, la mort, le temps...

Face à cela certains éprouvent une attirance pour des doctrines affirmatives, et faussement rassurantes par leurs évidences simples, comme l'astrologie. Et ce déclin du crédit que rencontre la science auprès du public s'accompagne, paradoxalement, d'un déclin des religions traditionnelles.

2. Le déclin des formes traditionnelles de la religion.

Il est en lien avec le matérialisme de la civilisation occidentale : les facilités matérielles entraînent souvent des difficultés spirituelles. Il est aussi dû à l'influence du scientisme, qui se voulait une religion nouvelle de l'homme et de la science. Et surtout il peut s'expliquer par un affaiblissement interne des grandes religions occidentales, qui ne se présentent plus comme des systèmes globaux de vie et d'explication de l'existence :

• Pour ce qui est de la morale, elles ne font plus appel à l'héroïsme, au sacrifice. On les voit souvent transformées en un vague humanisme, faisant appel à une fraternité mal définie, souvent idéale, donc peu réaliste. Elles refusent parfois de porter des condamnations dans le domaine moral, de séparer clairement le bien et le mal.

• Au niveau métaphysique, on constate un certain flou ; autrefois, on donnait des explications claires (et parfois rassurantes) sur les mystères de l'existence, de la vie à la mort, jusqu'à l'éternité. Tout était rendu simple par une vision surnaturelle des réalités humaines, même si la pratique quotidienne restait difficile.

CONCLUSION

L'astrologie comble un vide, mais ses résultats aléatoires risquent à la longue de lasser des individus épris de certitudes et de garanties absolues. De plus, elle n'est pas seule sur le « marché » des nouvelles idoles (cf. les sectes, l'importance absolue du travail pour certains, etc.). Mais peut-être son côté mystérieux, qui lui est propre, continuera-t-il de lui assurer des adeptes pour un certain temps...

DEUXIÈME SUJET
LE COMMENTAIRE

QUELQUES CONSEILS

Les instructions officielles

Le deuxième sujet porte sur un texte qui ne dépasse pas une ving-taine de lignes ou de vers et dont la teneur et la tonalité appellent un examen minutieux. Le candidat doit en faire un commentaire qui éclairera et précisera le sens de la page. A la différence de l'explica-tion orale, qui rend compte d'un texte dans son déroulement, le commentaire écrit doit être construit de manière à faire apparaître méthodiquement les éléments d'intérêt que le candidat découvre dans la page proposée. Le libellé aidera le candidat dans cette recher-che sans lui imposer nécessairement le choix de ces éléments d'inté-rêt ou l'ordre d'exposition.

Sous bénéfice d'une orientation appropriée donnée par le libellé, le commentaire peut confronter deux textes brefs, du même auteur ou d'auteurs différents, qui traitent de thèmes voisins.

Comment les appliquer ?

Cet exercice est souvent considéré comme une « planche de salut » toujours possible. Le texte est donné, et on trouvera bien « quelque chose à dire... ». Mais l'improvisation, là non plus, n'est pas de mise, et on oublie que ce type de devoir présente des dangers. Il faut en effet éviter plusieurs écueils :

• Le commentaire composé n'est pas une explication suivie. Il ne s'agit pas de « faire un sort » à chaque mot, mais de centrer l'analyse du texte sur deux ou trois de ses aspects essentiels.

• Il ne faut en aucun cas paraphraser le texte, ou le résumer plus ou moins élégamment.

• Il est bon de pouvoir situer le passage dans l'œuvre d'où il est extrait, de connaître son auteur et le courant littéraire auquel il se rat-tache. Mais les digressions historiques ou biographiques sont à évi-ter, si elles ne sont pas nécessaires pour éclairer le texte. Soyez pru-dents d'ailleurs : les idées préconçues sur un auteur peuvent fausser la compréhension d'un passage. L'essentiel est sans doute de se lais-ser guider par l'extrait proposé.

• Il ne faut pas séparer le commentaire du fond de celui de la forme. Ce sont deux notions indissociables.

LA MÉTHODE DE TRAVAIL

• Lisez le texte une première fois, pour en prendre connaissance de manière « passive ».

BAC
MEMO

pour s'en souvenir le jour du bac

L'essentiel du cours.
Les conseils pour réussir.
Les exercices corrigés.

Mathématiques séries C et E
(2 tomes);
Mathématiques série D
(2 tomes);
Mathématiques série B;
Physique séries C et E
(2 tomes);
Physique série D (2 tomes);

Chimie séries C et E;
Chimie série D;
Biologie série C;
Biologie série D;
Histoire;
Géographie;
Philosophie.

Chaque volume : format 11 × 18, broché.

Bordas

• Reprenez-le, crayon en main, comme si vous prépariez une explication suivie. Soulignez les mots qui vous paraissent importants, les articulations du texte. Reliez les termes qui s'appellent les uns les autres. Relevez les figures de style, les tournures particulières, etc.

• Essayez de dégager deux ou trois centres d'intérêt, qui vous permettent de regrouper vos remarques. Il vous faut organiser ces grands thèmes, de manière à composer un plan logique. Souvent, le libellé du sujet peut vous y aider, même si les instructions données ne sont pas impératives.

• Vous pouvez alors passer à la rédaction. N'oubliez pas de marquer nettement les articulations de votre plan.

CAS PARTICULIERS : DEUX TEXTES COMPARÉS

Si vous aviez à faire un tel commentaire, évitez surtout de traiter séparément les deux textes. Il faut faire se dérouler les deux explications en même temps, dans le cadre de thèmes choisis pour convenir aux deux passages à la fois.

LE PONT

J'avais devant les yeux les ténèbres. L'abîme
Qui n'a pas de rivage et qui n'a pas de cime
Était là, morne, immense ; et rien n'y remuait.
Je me sentais perdu dans l'infini muet.
Au fond, à travers l'ombre, impénétrable voile,
On apercevait Dieu comme une sombre étoile.
Je m'écriai : — Mon âme, ô mon âme ! il faudrait,
Pour traverser ce gouffre où nul bord n'apparaît,
Et pour qu'en cette nuit jusqu'à ton Dieu tu marches,
Bâtir un pont géant sur des millions d'arches.
Qui le pourra jamais ? Personne ! O deuil ! effroi !
Pleure ! — Un fantôme blanc se dressa devant moi
Pendant que je jetais sur l'ombre un œil d'alarme,
Et ce fantôme avait la forme d'une larme ;
C'était un front de vierge avec des mains d'enfant ;
Il ressemblait au lys que sa blancheur défend ;
Ses mains en se joignant faisaient de la lumière.
Il me montra l'abîme où va toute poussière,
Si profond que jamais un écho n'y répond,
Et me dit : — Si tu veux, je bâtirai le pont.
Vers ce pâle inconnu je levai ma paupière.
Quel est ton nom, lui dis-je. Il me dit : — La prière.

> V. Hugo, *Les Contemplations,* livre VI, décembre 1852.

Vous présenterez l'étude de ce texte sous forme d'un commentaire composé. Vous pourriez étudier, par exemple, comment le rythme, les images, les sonorités rendent sensibles l'effarement devant l'infini et la révélation finale.

Ces indications ne sont pas contraignantes, et vous avez toute latitude pour orienter votre commentaire à votre gré. Vous vous abstiendrez seulement de présenter un commentaire linéaire ou de séparer artificiellement le fond de la forme.

Corrigé

INDICATIONS

Dans le deuxième tome des *Contemplations,* le livre IV, par l'évocation de la mort, et le livre V, par celle de l'exil considéré comme un « gouffre d'ombre », conduisent au livre VI, « Au bord de l'Infini » Le poète est donc en pleine solitude, prêt au dialogue avec l'infini. Les cinq premiers poèmes de ce livre décrivent l'aventure de la connaissance. Ce texte est le premier d'entre eux, et s'ouvre sur « l'infini muet ». Seule la prière constituera le « pont » grâce auquel l'homme pourra atteindre Dieu.

On sera attentif à la mise en scène, qui fait de la connaissance une aventure qui a lieu dans l'espace ; il y a l'œil (« j'avais devant les yeux ... je levai ma paupière »), l'étoile (« on apercevait Dieu comme une sombre étoile »), et, entre eux, l'espace (« les ténèbres »). L'effroi provient de la petitesse de l'homme « perdu dans l'infini muet ». Il faudrait détailler les procédés qui permettent à Hugo de rendre sensible cette disproportion (*cf.* les trois premiers vers : un hémistiche seulement se rapporte à l'homme, le reste est consacré à ce qu'il contemple ; le mot effrayant « l'abîme » est mis en valeur en fin de vers, les tournures négatives du vers 2 inquiètent, des expressions comme « était là » indiquent une sorte de fixité qui fait face à l'homme ...). A plusieurs reprises sont utilisés des mots du même registre, qui donnent une idée de l'infiniment grand (« les ténèbres ... l'abîme ... immense ... l'infini muet ... l'ombre, impénétrable voile ... ce gouffre ... cette nuit ... l'abîme où va toute poussière »). Le vers 4 résume la réaction humaine face à tout cela. C'est un véritable cri qui s'élève, dans le silence (vers 7, 11, dont on étudiera le rythme), formulant un espoir insensé (vers 9-10). La seule solution envisagée a le même caractère terrifiant, du fait de sa démesure (« un pont géant sur des millions d'arches »). L'expression du désespoir est soudainement interrompue, au vers 12 (« se dressa ») par quelque chose qui s'interpose entre l'homme et l'infini. Le contraste est alors total, entre la lumière que dégage cet être (« un fantôme blanc » ... qui a la blancheur du lys... « ses mains ... faisaient de la lumière ») et l'ombre, entre sa pureté aussi (« un front de vierge ... des mains d'enfant ... il ressemblait au lys ... »), et cet « abîme où va toute poussière ». Son aspect rappelle à l'homme des êtres connus, alors qu'il est perdu dans un univers étranger. Il accepte même de se nommer, et ainsi est levé le désespoir, par les deux mots de la fin qui, dans leur brièveté, sonnent comme une révélation (celle-ci était toutefois annoncée par le vers 17 : « ses mains en se joignant »). Déjà le livre III des *Contemplations* s'achevait sur ces mots « les deux ailes de la prière », qui constituaient une grande image cosmique, mise en valeur à cet endroit. C'est que Hugo n'a cessé de souligner l'importance de la prière, véritable « pont », mise en contact de deux mondes. On pensera à ce sujet à ce qu'il écrit dans le chapitre des *Misérables,* intitulé justement *La Prière :* « Mettre, par la pensée, l'infini d'en bas [c'est-à-dire l'âme] en contact avec l'infini d'en haut [c'est-à-dire Dieu], cela s'appelle prier. »

ACADÉMIE D'AMIENS

Nous sommes sous la Restauration. Plébéien ambitieux, Julien Sorel a quitté la scierie paternelle où il travaillait dans l'ennui pour devenir précepteur chez le maire de son village jurassien, Monsieur de Rênal, un ultra. Il se bat pour ménager son indépendance jusque dans la liaison qu'il noue avec Madame de Rênal. Il entre ensuite au séminaire de Besançon dans l'espoir que le « noir » lui livre les clefs de la réussite. Le voici maintenant à Paris secrétaire du marquis de La Mole, un des seigneurs les plus influents du parti ultra, et qui pourrait être bientôt ministre. Il est amené à rencontrer souvent la fille du marquis, Mathilde, hautaine et méprisante. Entre les deux jeunes gens, les relations ne sont pas simples. En voici un exemple :

Les guerres de la Ligue sont les temps héroïques de la France, lui disait-elle un jour, avec des yeux étincelants de génie et d'enthousiasme. Alors chacun se battait pour obtenir une certaine chose qu'il désirait, pour faire triompher son parti, et non pas pour gagner platement une croix comme du temps de votre empereur. Convenez qu'il y avait moins d'égoïsme et de petitesse. J'aime ce siècle.

— Et Boniface de La Mole [1] en fut le héros, lui dit-il.

— Du moins il fut aimé comme peut-être il est doux de l'être. Quelle femme actuellement vivante n'aurait horreur de toucher à la tête de son amant décapité ?

Madame de La Mole appela sa fille. L'hypocrisie, pour être utile, doit se cacher ; et Julien, comme on voit, avait fait à mademoiselle de La Mole une demi-confidence sur son admiration pour Napoléon.

Voilà l'immense avantage qu'ils ont sur nous, se dit Julien, resté seul au jardin. L'histoire de leurs aïeux les élève au-dessus des sentiments vulgaires, et ils n'ont pas toujours à songer à leur subsistance ! Quelle misère ! ajoutait-il avec amertume, je suis indigne de raisonner sur ces grands intérêts. Ma vie n'est qu'une suite d'hypocrisies, parce que je n'ai pas mille francs de rente pour acheter du pain.

— A quoi rêvez-vous là, monsieur ? lui dit Mathilde, qui revenait en courant.

Julien était las de se mépriser. Par orgueil, il dit franchement sa pensée. Il rougit beaucoup en parlant de sa pauvreté à une personne aussi riche. Il chercha à bien exprimer par son ton fier qu'il ne demandait rien. Jamais il n'avait semblé aussi joli à Mathilde ; elle lui trouva une expression de sensibilité et de franchise qui souvent lui manquait.

Stendhal, *Le Rouge et le Noir,* II, 10.

Sans dissocier la forme et le fond vous ferez un commentaire composé de ce texte.

Vous pourrez par exemple étudier le jeu subtil qui préside à l'échange des idées entre les deux personnages, les données psychologiques et sociologiques sur lesquelles s'organise la relation, l'attirance qui porte de plus en plus les deux jeunes gens l'un vers l'autre.

Corrigé

INDICATIONS

Ce texte témoigne de l'évolution des deux jeunes gens ; Julien est plus franc, et Mathilde éprouve de la curiosité envers lui. On remarque qu'ici, le centre d'intérêt se déplace d'elle à lui, chacun dans les deux cas rejoignant l'autre sur son propre terrain.

---

1. Boniface de La Mole fut l'amant de la reine Marguerite de Navarre. Une conspiration héroïque et imprudente fut la cause de sa perte : il eut la tête tranchée en place de Grève le 30 avril 1574. La reine Marguerite « osa faire demander au bourreau la tête de son amant ». Mathilde prend le deuil chaque année le jour anniversaire de la mort de son ancêtre.

ACADÉMIE DE BESANÇON

Emma Bovary, qui mène à Yonville une existence morne et sans rapport avec ses goûts, assiste, à l'Opéra de Rouen, à une représentation de Lucie de Lamermoor. Elle admire le ténor Edgar Lagardy.

Dès la première scène, il enthousiasma. Il pressait Lucie dans ses bras, il la quittait, il revenait, il semblait désespéré. Il avait des éclats de colère, puis des râles élégiaques d'une douceur infinie, et les notes s'échappaient de son cou nu, pleines de sanglots et de baisers. Emma se penchait pour le voir, égratignant avec ses ongles le velours de sa loge. Elle s'emplissait le cœur de ces lamentations mélodieuses qui se traînaient à l'accompagnement des contrebasses, comme des cris de naufragés dans le tumulte d'une tempête. Elle reconnaissait tous les enivrements et les angoisses dont elle avait manqué mourir. La voix de la chanteuse ne lui semblait être que le retentissement de sa conscience, et cette illusion qui la charmait, quelque chose même de sa vie. Mais personne sur la terre ne l'avait aimée d'un pareil amour. Il [1] ne pleurait pas comme Edgar, le dernier soir, au clair de lune, lorsqu'ils se disaient : « A demain ; à demain !... » La salle craquait sous les bravos ; on recommença la strette [2] entière ; les amoureux parlaient des fleurs de leur tombe, de serments, d'exil, de fatalité, d'espérances, et quand ils poussèrent l'adieu final, Emma jeta un cri aigu, qui se confondit avec la vibration des derniers accords.

Flaubert, *Madame Bovary*, Deuxième partie, Ch. XV.

Vous ferez de ce texte un commentaire composé. Vous pourriez, par exemple, analyser le regard ironique porté par Flaubert à la fois sur l'exaltation de son personnage et sur la médiocrité du spectacle qui en est la cause.

Corrigé
REMARQUES

« Un bel organe, un imperturbable aplomb, plus de tempérament que d'intelligence et plus d'emphase que de lyrisme, achevaient de rehausser cette admirable nature de charlatan où il y avait du coiffeur et du toréador » ; c'est ainsi que Flaubert qualifie le ténor, quelques lignes avant ce texte. On verra qu'il soulève l'enthousiasme de Madame Bovary, ce qui laisse supposer le regard que Flaubert porte sur elle.

PLAN SCHÉMATIQUE

I. Un spectateur provincial.

1. La médiocrité des chanteurs.
- L'outrance, la démesure : *cf.* « il pressait Lucie dans ses bras ... des

---

1. Emma pense à Rodolphe, son amant, qui l'a abandonnée.
2. Strette : terme de la langue musicale.

éclats de colère ... des râles élégiaques » (on remarque le rapprochement saugrenu de ces termes !). Il y a même dans les actions une incohérence apparente (« il la quittait, il revenait ... », etc.), qui traduit les « enivrements et les angoisses » qu'Emma reconnaît.

• Le mauvais goût : déjà présent dans les « éclats de colère » et dans les « râles élégiaques », il éclate dans les « lamentations mélodieuses qui se traînaient à l'accompagnement des contrebasses ». La comparaison des airs avec des « cris de naufragés dans le tumulte d'une tempête » en laisse deviner la vulgarité de l'interprétation (*cf.* aussi l'expression « pousser l'adieu final »).

2. La médiocrité du contenu. *Cf.* « Les amoureux parlaient des fleurs de leur tombe, de serments, d'exil, de fatalité, d'espérances ... ».

3. La médiocrité de la salle. *Cf.* « Dès la première scène, il enthousiasma », ou « la salle craquait sous les bravos ».

II. Flaubert et son personnage.

1. Le regard de Madame Bovary sur le chanteur. Ce sont ses impressions qui transparaissent dans une phrase comme « les notes s'échappaient de son cou nu, pleines de sanglots et de baisers », ou dans les mots « d'une douceur infinie ». Elle regarde passionnément le ténor, jusqu'à opérer à son égard une sorte de prise de possession (elle l'appelle même « Edgar »).

2. Un être insatisfait. *Cf.* « Personne sur la terre ne l'avait aimée d'un pareil amour », et la comparaison de la scène avec ce qui s'est produit au moment où Rodolphe l'a abandonnée : « il ne pleurait pas comme Edgar, le dernier soir, au clair de lune ... ».

3. Un enthousiasme dérisoire. *Cf.* « se penchait pour le voir, égratignant avec ses ongles ... », « elle s'emplissait le cœur ... », « elle reconnaissait tous les enivrements ... ». La voix de la chanteuse est « le retentissement de sa conscience ». L'émotion suscitée par le spectacle provoque un retour sur sa propre histoire (« mais personne ... »), et on peut penser que le « cri aigu » qu'elle pousse à la fin correspond à une identification totale (« Emma jeta un cri aigu, qui se confondit avec la vibration des derniers accords »).

• L'enthousiasme est évoqué de telle façon que chaque fois Flaubert le rend ridicule. Les ongles qui « égratignent » le velours sont presque ceux d'une hystérique ; cette notation très matérielle est comme une dissonance par rapport à l'exaltation dont il est question. Certaines expressions montrent l'état d'esprit de cette femme : « la voix de la chanteuse ne lui semblait être que le retentissement de sa conscience » ; ce « ne ... que » nie la réalité du chant, et montre Madame Bovary toute tournée vers elle-même. Si d'autre part elle est charmée, c'est par une « illusion ».

CONCLUSION

Si Flaubert montre Madame Bovary transportée par ce spectacle assez lamentable (par la suite, elle rêve même de partir avec l'un des chanteurs ...), c'est pour souligner combien est vain son désir d'une vie moins commune. En même temps, il la dépeint comme vivant dans le rêve : elle reconnaît « quelque chose même de sa vie » dans une « illusion », et, à l'inverse, elle coule ses jours en se nourrissant de rêveries. Le peu d'envergure du personnage éclate dans ce passage.

ACADÉMIE DE BORDEAUX

Simon, le héros, goûte, pendant tout un après-midi, à bord de sa voiture, aux charmes d'une promenade à travers la campagne bretonne. Il vient d'arriver au village fortifié de Coatliguen, où il décide de faire halte.

[...] Dès qu'on avait quitté la place et qu'on entrait dans l'ombre des maisons, le soir était assis dans les ruelles, surveillées seulement du coin des seuils par l'œil mi-clos des chats prudents. Le bruit du moteur une fois arrêté, le silence étourdissait un peu Simon : peu de monde à cette heure dans les ruelles pleines de courants d'air, qui, plutôt que pour des passants de chair, paraissaient faites pour des apparitions plus fuyantes ; un tourbillon de feuilles sèches, l'éclair d'un linge séchant à l'appui d'une fenêtre, ou la robe voletante d'un prêtre dans l'éloignement. Le bruit de ses pas sur le pavé de la rue retentissait contre le pavé des façades ; au long de ces venelles coudées il lui semblait se promener dans une oreille de pierre. L'exaltation qu'il avait ressentie sur la route était tombée ; cette citerne de froid et de silence entre ses margelles de pierre le dégrisait. Le froid, le silence, l'immobilité, la nuit, il les avait toujours aimés, mais parfois, au creux d'une forêt, devant une mare dormante, dans l'accueil figé d'une pièce vide, il les *touchait* [1] du doigt tout à coup comme une promesse glacée, un état final, dernier, qui une seconde laissait tomber le masque — ses soirées surtout, à la tombée du jour, étaient pleines de ces paniques mal domestiquées. Il sentait distinctement la fraîcheur tomber sur ses épaules ; il frissonna, fâché de sa promenade, rebroussa chemin vers la porte de la ville, que l'ombre des maisons coupait maintenant à mi-hauteur. Au haut de la tour qui la coiffait le soleil brûlait les touffes de giroflées des corniches et enflammait le cadran de l'horloge. Le cri des corneilles tombait sur la ruelle avec le soir. Plus résonnant, plus prolongé, plus caverneux, on eût dit, entre ces pierres affinées par la vibration des cloches.

J. Gracq, La Presqu'île.

Vous ferez un commentaire composé de ce passage. Vous pourriez étudier par exemple comment le romancier, à partir d'une description réaliste, introduit peu à peu le lecteur dans un univers étrange et inquiétant. Mais ces indications ne sont pas contraignantes : vous avez toute latitude pour orienter votre lecture à votre gré.

Corrigé

REMARQUE

Julien Gracq (né en 1910), fut à ses débuts très proche du surréalisme. Il a créé un univers romanesque très original, pénétré de rêve. *La*

---

1. En italiques dans le texte.

Presqu'île (1970) est un recueil composé de trois nouvelles. Ce texte est extrait de la deuxième d'entre elles.

PLAN DÉTAILLÉ

I. Le réel.

1. Une description précise.

La situation du texte dans le temps est aisée. Des phrases comme « le soir était assis dans les ruelles » ne laissent aucun doute. Il est question de la fraîcheur (« il frissonna »), des derniers rayons du soleil (« le soleil brûlait... et enflammait... »). Le cadre par ailleurs est tout à fait précisé (« dès qu'on avait quitté la place... l'ombre des maisons... les ruelles... le pavé de la rue... la porte de la ville... »). Quelques détails sont même donnés (« le soleil brûlait les touffes de giroflées des corniches »). Le passage est donc plein de notations visuelles, auditives (*cf.* « le bruit du moteur une fois arrêté, le silence... le bruit de ses pas sur le pavé de la rue... le cri des corneilles tombait sur la ruelle »), et tactiles (*cf.* « il sentait distinctement la fraîcheur tomber sur ses épaules »).

2. Une promenade peu agréable.

La ville est parfaitement silencieuse, et cela contraste avec l'épisode précédent, où Simon roulait en voiture (« le bruit du moteur une fois arrêté, le silence étourdissait un peu Simon ») ; le bruit de ses pas est la seule marque d'une vie animée (« le bruit de ses pas sur le pavé de la rue retentissait contre le pavé des façades »). C'est donc une ville morte, que peuplent apparemment seulement des chats et des corneilles (leur cri rompt aussi le silence) : « peu de monde à cette heure dans les ruelles pleines de courants d'air... ». Les quelques objets qui témoignent de présences ne sont que des « apparitions... fuyantes ». En outre, la température elle aussi est peu agréable (*cf.* « cette citerne de froid et de silence... la fraîcheur tomber sur ses épaules... il frissonna »).

II. Un univers étrange, qui conduit à l'idée de la mort.

1. Des images étranges.

La description de la réalité est parfois curieusement mêlée d'images un peu irréelles ; après l'expression « le soir était assis dans les ruelles », la phrase se poursuit par l'évocation des chats, bien concrets, eux. Ailleurs on est frappé par une autre comparaison, tout aussi inattendue après un verbe d'action : « il lui semblait se promener dans une oreille de pierre » ; ou bien il s'agit de « toucher du doigt le silence »... Il est singulier aussi de rapprocher toute une ville avec une « citerne de froid et de silence entre ses margelles de pierre ». La fin du texte laisse place à ce qui est encore une image peu courante : « ces pierres affinées par la vibration des cloches ».

2. Le symbolisme du cadre.

Les différents éléments de la scène peuvent être riches de signification : le soir, la venue de l'ombre évoquent la mort, tout comme la fraîcheur qui tombe. La ville déserte confirme cette impression, renforcée encore par ce qu'on en voit. En effet, les chats sont souvent les symboles d'un certain mystère, les corneilles sont des oiseaux funestes (d'autant que leur cri est « caverneux ») ; les « apparitions » (mot qui place déjà la ville dans une atmosphère particulière) peuvent d'une certaine façon être rattachées à la mort (c'est le cas des feuilles sèches, du prêtre, à la rigueur, qui, en tout cas, représente une religion invoquée à la fin de la vie). Enfin l'horloge, à la fin du texte, marque le temps qui passe.

3. De l'exaltation à l'angoisse : la montée de l'idée de la mort.

Le personnage est d'abord un peu dépaysé (« le silence étourdissait un peu Simon »), puis « dégrisé » (« l'exaltation qu'il avait ressentie sur la route était tombée ») par cette atmosphère. L'auteur remarque qu'il est familier des idées liées à la mort (« le froid, le silence, l'immobilité, la nuit... »), mais que ce moment correspond à une irruption particulière de ces considérations, qu'il développe d'ailleurs ici avec une insistance qui montre leur force (« une promesse glacée, un état final, dernier, qui une seconde laisse tomber le masque »). Cette promenade se termine brusquement en une « de ces paniques mal domestiquées », l'instinct lui commande un comportement peu logique (« fâché de sa promenade, rebroussa chemin... »), et les dernières observations auxquelles il se livre sont plus que jamais en rapport avec l'idée de la mort.

CONCLUSION

On assiste dans ce texte à un phénomène remarquable : par une sorte d'enchantement, un paysage ressenti comme étrange « investit » proprement un homme, lui donnant l'occasion de penser très intensément à la mort. Ainsi, un village peut-être quelconque acquiert, à un très fort degré, une présence mystérieuse. Pour Julien Gracq, la littérature, même romanesque, a pour fonction de lire le réel, et d'en révéler l'inconnu.

ACADÉMIE DE CAEN

De sa mansarde, Raphaël, jeune homme studieux et solitaire, découvre le spectacle des toits d'un quartier misérable de Paris.

Si d'abord cette vue me parut monotone, j'y découvris bientôt de singulières beautés. Tantôt le soir des raies lumineuses, parties de volets mal fermés, nuançaient et animaient les noires profondeurs de ce pays original. Tantôt les lueurs pâles des réverbères projetaient d'en bas des reflets jaunâtres à travers le brouillard, et accusaient faiblement dans les rues les ondulations de ces toits pressés, océan de vagues immobiles. Enfin, parfois de rares figures apparaissaient au milieu de ce morne désert, parmi les fleurs de quelque jardin aérien, j'entrevoyais le profil anguleux et crochu d'une vieille femme arrosant des capucines, ou dans le cadre d'une lucarne pourrie quelque jeune fille faisant sa toilette, se croyant seule, et de qui je ne pouvait apercevoir que le beau front et les longs cheveux élevés en l'air par un joli bras blanc. J'admirais dans les gouttières quelques végétations éphémères, pauvres herbes bientôt emportées par un orage ! J'étudiais les mousses, leurs couleurs ravivées par la pluie, et qui sous le soleil se changeaient en un velours sec et brun à reflets capricieux. Enfin les poétiques et fugitifs effets du jour, les tristesses du brouillard, les soudains pétillements du soleil, le silence et les magies de la nuit, les mystères de l'aurore, les fumées de chaque cheminée, tous les accidents de cette singulière nature devenus familiers pour moi, me divertissaient. J'aimais ma prison, elle était volontaire. Ces savanes de Paris formées par des toits nivelés comme une plaine, mais qui couvraient des abîmes peuplés, allaient à mon âme et s'harmoniaient [1] avec mes pensées.

Balzac, La Peau de Chagrin.

Vous ferez de ce texte un commentaire composé organisé à votre guise ; vous pourrez, par exemple, mettre en lumière le pittoresque de la description et montrer comment le regard du jeune homme charge « cette singulière nature » d'images qui s'accordent à son âme.

Corrigé

REMARQUE

Pendant une orgie, Raphaël raconte sa jeunesse à un ami. Avant de connaître la passion avec Foedora, il a mené une vie studieuse dans une mansarde du Quartier Latin, tout en écrivant un traité philosophique, une *Théorie de la Volonté*. On peut noter que Balzac a bien connu ce quartier, où il a vécu lui-même.

PLAN SCHÉMATIQUE

I. Le réalisme.

1. Le paysage est vu à divers moments (« tantôt ... tantôt ... tantôt ... parfois... »).
2. Les petits détails ne sont pas négligés (*cf.* les volets mal fermés... les capucines, etc.).
3. Raphaël évoque sans les déguiser la misère du quartier (*cf.* « la lucarne pourrie », la pauvreté des végétations éphémères, la vieille femme...), ainsi que son aspect peu engageant (« vue monotone... ce morne désert »).

II. La transfiguration : le souvenir d'un temps heureux.

1. Le regard : *cf.* « je découvris... j'admirais... j'étudiais ».
2. La beauté de la pauvreté : *cf.* les « nuances » de ce « pays original », les couleurs changeantes, le « beau front », le « joli bras blanc ». Une véritable poésie se dégage (*cf.* les « poétiques et fugitifs effets du jour ») de tout cela, trouvant son expression dans des métaphores (« océan de vagues immobiles... ces savanes de Paris »).
3. La « fantasmagorie » : ce « pays original » devient océan, savane ; *cf.* aussi « les magies de la nuit ; les mystères de l'aurore... les accidents de cette singulière nature... ». La dernière phrase témoigne d'un talent visionnaire (... « des abîmes peuplés »).

---

1. *Harmonier :* Néologisme. Mettre en harmonie.

II. Des thèmes récurrents dans l'œuvre de Balzac.

A travers le personnage de Raphaël, Balzac se met lui-même en scène ; comme lui, Raphaël a :

1. Un tempérament d'artiste et de poète : il est doué d'une « excessive mobilité d'imagination, le malheureux poète ».

2. Le goût de la solitude, de l'étude (« J'aimais ma prison, elle était volontaire »), et des idées philosophiques (« ces savanes... allaient à mon âme et s'harmonisaient avec mes pensées »).

3. Un désir d'amour (ce thème n'est cependant qu'esquissé ici, à travers l'évocation de la jeune fille).

CONCLUSION

Chez Balzac, toute aventure est enracinée dans la réalité concrète, avec tous ses détails. Mais l'imagination mise en œuvre donne à cette dernière des dimensions qui dépassent la simple description. C'est que « la mission de l'art n'est pas de copier la nature, mais de l'exprimer ».

ACADÉMIE DE CLERMONT-FERRAND

Le peintre Claude Lantier, en compagnie de son ami, le romancier Sandoz, revient sur les lieux où il a « travaillé, joui et souffert ».

A mesure qu'il avançait le long de la berge, il se révoltait de douleur. C'était à peine s'il reconnaissait le pays. On avait construit un pont pour relier Bonnières à Bennecourt : un pont, grand Dieu ! à la place de ce vieux bac craquant sur sa chaîne, et dont la note noire, coupant le courant, était si intéressante ! En outre, le barrage établi en aval, à Port-Villez, ayant remonté le niveau de la rivière, la plupart des îles se trouvaient submergées, les petits bras s'élargissaient. Plus de jolis coins, plus de ruelles mouvantes, où se perdre, un désastre à étrangler tous les ingénieurs de la marine !

— Tiens ! ce bouquet de saules qui émergent encore, à gauche, c'était le Barreux, l'île où nous allions causer dans l'herbe, tu te souviens ?... Ah ! les misérables !

Sandoz, qui ne pouvait voir couper un arbre sans montrer le poing au bûcheron, pâlissait de la même colère, exaspéré qu'on se fût permis d'abîmer la nature.

Puis, Claude, lorsqu'il s'approcha de son ancienne demeure, devint muet, les dents serrées. On avait vendu la maison à des bourgeois, il y avait maintenant une grille, à laquelle il colla son visage. Les rosiers étaient morts, les abricotiers étaient morts, le jardin très propre, avec ses petites allées, ses carrés de fleurs et de légumes entourés de buis, se reflétait dans une grosse boule de verre étamé, posée sur un pied, au beau milieu ; et la maison, badigeonnée à neuf, peinturlurée aux angles et aux encadrements en fausses pierres de taille, avait un endimanchement gauche de rustre parvenu, qui enragea le peintre.

Non, non, il ne restait là rien de lui, rien de Christine, rien de leur grand amour de jeunesse ! Il voulut voir encore, il monta derrière l'habitation, chercha le petit bois de chênes, ce trou de verdure où ils avaient laissé le vivant frisson de leur première étreinte ; mais le petit bois était mort, mort avec le reste, abattu, vendu, brûlé. Alors, il eut un geste de malédiction...

Émile Zola, *L'Œuvre,* 1886, Éd. Garnier-Flammarion, page 377.

Vous ferez de ce passage de roman un commentaire composé qui mette en valeur la richesse et la variété de l'expression au service d'une manière de voir particulière.

Ces indications ne sont pas contraignantes. Seulement vous évite-rez le commentaire ligne à ligne ainsi qu'une division artificielle entre le fond et la forme.

Corrigé

REMARQUE

Le héros de ce roman, le peintre Claude Lantier (le fils de la Gervaise de *L'Assommoir*) a sans doute été imaginé d'après Cézanne, ami de Zola. Ce dernier se met d'ailleurs en scène sous la figure du romancier Sandoz. Au milieu de déboires sans nombre, Claude Lantier se débat dans les difficultés du passage de la conception d'une œuvre d'art à sa réalisation. Ici, c'est le récit d'une de ses déconvenues.

PLAN DÉTAILLÉ

I. La nature.

1. Source d'art.
C'est un regard de peintre qui remarquait la « note noire ... si intéres-sante » que constituait le bac, ou les « jolis coins », les « ruelles mouvan-tes ». Le paysage était vu comme un tableau.
2. Source de bonheur.
Elle constituait le cadre de conversations artistiques entre amis (« le Barreux, l'île où nous allions causer dans l'herbe »), ou celui de l'aven-ture amoureuse (« ce trou de verdure où ils avaient laissé le vivant frisson de leur première étreinte »). Sa fantaisie plaisait à la nature un peu sau-vage de Claude (*cf.* les « ruelles mouvantes, où se perdre »).

II. Le désastre : une nature artificielle.

1. Le désastre.
Tout est changé (« c'était à peine s'il reconnaissait le pays ») : plus de bac pittoresque (« ce vieux bac craquant sur sa chaîne »), les îles sont « submergées » (*cf.* la répétition « plus de ... plus de » et le mot même de « désastre »). L'île qu'ils connaissaient bien est devenue un simple « bouquet de saules ». La nature est « abîmée » et c'est une véritable mort du paysage (le mot est employé à propos des rosiers, des abricotiers, du petit bois).

2. La responsabilité de la société.

Celle-ci est à l'origine du désastre.

• La vie moderne est incriminée (« on avait construit un pont … le barrage établi en aval … »), ses impératifs techniques faisant détruire toute beauté ; aussi les « ingénieurs de la marine » sont-ils mis en cause.

• La bêtise bourgeoise éclate dans la transformation qu'a subie l'ancienne maison de Claude. Ce qui prime, c'est le souci conventionnel de la régularité, de la netteté (cf. « le jardin très propre … ses allées … ses carrés de fleurs et de légumes entourés de buis »). La place de la boule de verre est significative d'un manque d'originalité total (« au beau milieu »). Le mauvais goût est perceptible dans des termes comme « badigeonnée … peinturlurée … un endimanchement gauche de rustre parvenu »). Tout est laid, faux (« aux encadrements en fausses pierres de taille »), et mesquin (cf. l'existence de la grille, les « petites allées », les simples carrés de plantations qui remplacent les arbres ou les arbustes du passé). Le comble du mauvais goût réside peut-être dans cette « grosse boule de verre étamé », superflue et prétentieuse.

III. L'homme touché au plus profond.

1. La colère.

Elle est liée à la douleur ressentie (« il se révoltait de douleur »). Plus apparente, elle en est la manifestation. Les exclamations indignées ponctuent le texte (« un pont, grand Dieu ! à la place de ce vieux bac … ! Un désastre … ! … les misérables ! … », etc.), et on remarque des mots très forts (« étrangler … les misérables … pâlissait de la même colère, exaspéré … qui enragea … »). Sandoz est animé de la même passion accusatrice que Lantier.

2. La conscience d'un désastre personnel.

C'est l'homme qui est atteint, en même temps que le peintre (cf. l'indignation doublement justifiée devant la maison ; c'était la sienne, et on en a fait quelque chose de laid : « qui enragea le peintre »). On voit la profondeur de la déconvenue dans l'expression « muet, les dents serrées », ou dans l'insistance des répétitions (« non, non … rien de lui, rien de Christine, rien de leur grand amour de jeunesse … mort, mort avec le reste »). Le peintre s'acharne dans ce constat d'une réalité qui le blesse, comme s'il voulait se persuader lui-même de la mort de son passé (« il voulut voir encore, il monta … chercha »). Les derniers mots sont ceux d'un homme désespéré qui se répète son malheur (« mort, mort avec le reste, abattu, vendu, brûlé »). Et la malédiction finale est à la fois l'expression de sa colère et de sa douleur, l'une et l'autre très profondes.

CONCLUSION

La mort de la nature est liée ici à la mort de l'art, puisque celui-ci n'a plus sa place dans ce paysage ravagé par l'action de l'homme et sa bêtise. En outre, la disparition de toute une période de la vie de Lantier fait que celui-ci perd une partie de ce qui le rattache à l'existence. Ces différentes morts peuvent paraître le présage de la sienne propre, qui se révélera pour lui la seule issue possible, après tous ses échecs.

ACADÉMIE DE DIJON

HAMEAUX
La pluie... et puis l'attente sur les cimes,
Un ciel triste et lavé, plein de torpeur ;
Un ciel triste et lavé jusqu'à la plus intime,
La plus basse des régions du cœur...

Monter à pas de loup jusqu'à la crête,
Gagner les hameaux dans l'ombre enfouis :
Voici que surgit cet appel de fête,
Les lampes qu'on allume pour la nuit.

Il vient comme un clair reflet de fenêtres,
Un rire d'enfant qui va s'endormir,
Et si proche du monde avant de disparaître
Dans le ciel féerique de ses désirs.

Les enfants, on les entend qui s'endorment
Doucement : ils doivent être envolés ;
Dehors le vent de nuit fait s'agiter des formes
Vagues : le vent de nuit s'en est allé...

Lentement se perdent dans les abîmes
D'un ciel triste et lavé, plein de torpeur,
D'un ciel triste et lavé jusqu'à la plus intime,
La plus basse des régions du cœur...

P. de La Tour du Pin, *La Quête de joie.*

Dans un commentaire composé, vous pourrez étudier, par exemple, les moyens (syntaxe, rythme, images, thèmes, etc.), par lesquels le poète crée une atmosphère et suggère un état d'âme.

Corrigé

REMARQUE

La Quête de Joie (1933) se présente comme une aventure intérieure de l'homme face à Dieu ; la soif d'absolu n'exclut pas l'angoisse chez Patrice de La Tour du Pin :

« J'ai des bas-fonds aussi, farouches et secrets,
Des basses régions que des brouillards de rêve
Isolent dans la paix fiévreuse des marais...
Des pentes d'ombre et de hauts gagnages déserts. »

(On retrouvera dans ce poème l'opposition entre les « hauts gagnages » et les « bas-fonds »). De fait, la *Quête* s'achèvera sur « cette nuit dont il [le poète pécheur] ne sort plus ».

On notera par ailleurs, pour comprendre l'atmosphère de ce poème, que le recueil s'ouvrait ainsi :

« Tous les pays qui n'ont plus de légende
seront condamnés à mourir de froid... »

PLAN DÉTAILLÉ

I. Le Mystère.

1. Un paysage estompé.

Ce pluriel du titre confère à l'ensemble une imprécision, qui se confirme dans l'emploi des articles (« les cimes, un ciel, la crête, l'ombre » : on n'a pas plus d'explications). Le temps (« la pluie ... un ciel triste et lavé ») et l'heure (« l'ombre ... la nuit ... le vent de nuit ») font que les contours sont incertains. Même les notations de lumière ne sont pas franches (« comme un clair reflet de fenêtres »), et le poème se ferme sur l'évocation de « formes vagues » qui « se perdent dans les abîmes ».

2. Une atmosphère féérique.

• Les questions seraient nombreuses : que se passe-t-il ? qui agit ?... Le poète donne les quelques éléments de l'action, sans plus de précision (« la pluie... l'attente... monter à pas de loup... »). Les « pas de loup » évoquent un climat de secret.

• Le contraste est net entre l'ombre, la nuit, et la lumière qui surgit. Les lampes (« cet appel de fête ») et le « clair reflet de fenêtres » ont la chaleur de l'inattendu. On pourrait se croire dans une atmosphère de conte de Noël.

• Le merveilleux est enfin directement présent, avec l'allusion aux enfants qui s'envolent (vers 14), et qui deviennent des « formes vagues ». Déjà leur rire, éclatant au milieu de la nuit, revêtait un caractère extraordinaire. L'auteur emploie même le mot « féérique » (vers 12) pour désigner l'univers des rêves auquel ils sont habitués.

II. Un mouvement, une quête déçus.

1. Un paysage triste et statique.

• Les premiers mots du poème en donnent le ton ; l'impression se prolonge dans les vers suivants (« la pluie... l'attente... un ciel triste et lavé... la torpeur... l'ombre... enfouis »).

• La lenteur de la première strophe s'accorde avec la sensation générale de tristesse (*cf.* les points de suspension, l'expression « et puis », la reprise des termes : « un ciel triste et lavé... la plus intime, la plus basse... »).

• La syntaxe se met elle aussi à l'unisson : *cf.* les phrases nominales au début (« la pluie... l'attente... un ciel »), puis les simples infinitifs qui expriment les actions (« monter... gagner ») ; on n'a pas de véritables phrases, l'absence de verbes dans un cas, de sujets dans l'autre, laissent sur une impression d'insatisfaction : la tristesse et l'apathie gagnent même la construction.

• Les mouvements qui s'amorcent dans la deuxième strophe semblent étouffés par l'atmosphère générale : on bouge, mais « à pas de loup ».

2. Un mouvement et une joie.

• La tristesse est rompue : « cet appel de fête » (on note la précision cette fois) a des échos dans les deuxième et troisième strophes. L'ombre est écartée (par les lampes, les « clairs reflets », le rire d'enfant), et les rêves sont heureux (le « ciel féérique » s'oppose au « ciel triste » du début).

• Le rythme du début est brusquement rompu (« voici que »). Tout mouvement n'est pas absent de ces vers, comme c'était le cas dans la première strophe (« on allume… un rire… le vent de nuit fait s'agiter »).
• La construction des phrases change, elle aussi. Elle gagne en précision ; les verbes ont un sujet et des compléments… (« Voici que surgit… il vient comme un clair reflet », etc.). On perçoit une agitation humaine dans ce monde qui jusque-là était très immobile.

3. Une quête de joie impossible.
• Le haut et le bas : dans tout le poème, les mouvements alternants entre le haut et le bas sont constants (*cf.* l'opposition dans la première strophe entre « les cimes » et « la plus basse des régions du cœur », dans la deuxième entre « les crêtes » et « l'ombre », dans la troisième entre « le monde » et « le ciel »). Mais dans l'ensemble du poème, ce sont les régions basses qui l'emportent. En effet, dans la première strophe, aux « plus basses régions du cœur » faisaient tout de même pendant les cimes du vers 1. Dans la dernière strophe, les « abîmes » remplacent les cimes, et même s'il s'agit du ciel (« les abîmes du ciel »), le poème semble s'enliser, entre ces abîmes et « la plus basse région du cœur »).
• Le mouvement qui avait « surgi » disparaît rapidement. Déjà, ce qui s'agitait au vers 15 était « vague ». Puis le vers 16 voit s'évanouir ce dernier signe de vie. Et la dernière strophe commence par un adverbe qui renvoie à « l'attente » du premier vers ; le verbe « se perdre » dont on devine seulement le sujet (les formes) exprime une disparition complète, en même temps que l'imprécision qui règne à nouveau. La fin du poème sonne comme une reprise assombrie du début, qui était déjà triste. Les mêmes vers sont chargés d'infiniment plus d'angoisse, puisque les mouvements, la joie n'ont finalement abouti à rien. Et on retombe, comme au début, dans la lenteur des points de suspension.

CONCLUSION

On a donc, dans ce poème à l'atmosphère particulière, une image assez irréelle des « hameaux ». Mais le merveilleux n'est pas source de joie ici, ou il ne l'est que pour très peu de temps. Très vite on pressent que l'espoir qu'avait fait naître l'arrivée dans les hameaux est vain, et que la grisaille et le désespoir sont les plus forts. L'image mystérieuse des vers 3 et 4 (« Un ciel triste et lavé jusqu'à la plus intime, / La plus basse des régions du cœur »), qui unit la nature et l'homme dans la même tristesse, trouve toute sa résonance à la fin du poème, et suggère un état d'âme durable : la « quête de joie » semble vouée à l'échec.

ACADÉMIE DE GRENOBLE

L'enfant malade reçut sur tout son corps mi-couché le réconfort d'un regard capiteux et brun, vaste, désaltérant : « Que c'est bon, cette bière brune des yeux de Mandore [1] ! Comme elle est gentille,

1. Surnom donné à la servante dont l'aspect général et la voix évoquent la mandore, instrument de musique ancien, proche du luth.

elle aussi, pour moi !... Comme tout le monde est gentil pour moi !... S'ils pouvaient se retenir un peu... » Épuisé sous le faix de la gentillesse universelle, il ferma les yeux, et les rouvrit au tintement des cuillers. Cuillers à potions, cuillers à potage, cuillers à entremets... Jean n'aimait pas les cuillers, exception faite d'une bizarre cuiller d'argent à longue tige torse, qui d'un bout s'achevait en petite rondelle guillochée [1]. « C'est un écrase-sucre, disait Madame Maman. — Et l'autre bout de la cuiller, Madame Maman ? — Je ne sais pas bien. Je crois que c'était une cuiller à absinthe... » Et son regard glissait presque toujours à ce moment-là vers un portrait photographique du père de Jean, le mari qu'elle avait perdu si jeune, « ton cher papa, mon Jean », et que Jean désignait froidement par les mots — des mots pour le silence, pour le secret, — « ce monsieur accroché dans le salon ».

A part la cuiller à absinthe, — absinthe, absinthe, abside, sainte abside — Jean ne se plaisait qu'aux fourchettes, démons quatre fois cornus, sur lesquels s'empalaient la noisette de mouton, un petit poisson convulsé dans sa friture, un cadran de pomme et ses deux yeux de pépins, un croissant d'abricot en son premier quartier, givré de sucre...

— Jean chéri, tends ton bec...

Il obéit en fermant les yeux, but un remède à peu près insipide, sauf une passagère mais inavouable fadeur qui masquait le pire... Dans le secret de son vocabulaire, Jean appelait cette potion « le ravin aux cadavres ». Mais rien n'aurait pu arracher de lui, jeter pantelantes aux pieds de Madame Maman des syllabes aussi affreuses.

La soupe phosphatée suivit, inévitable, grenier mal balayé, calfaté de vieille farine dans les coins. Mais on lui pardonnait tout, à celle-là, en faveur de ce qui flottait d'irréel sur sa bouillie claire : un souffle floral, le poudreux parfum des bleuets que Mandore achetait par bottillons dans la rue, en juillet, pour Jean...

Un petit cube d'agneau grillé passa vite. « Courez, agneau, courez, je vous fais bonne figure, mais descendez en boule dans mon estomac, je ne vous mâcherais pour rien au monde, votre chair bêle encore, et je ne veux pas savoir que vous êtes rose à l'intérieur ! »

— Il me semble que tu manges bien vite, ce soir, Jean ?

Colette, « L'enfant malade » (nouvelle extraite du recueil *Gigi*, 1944)

Vous ferez de ce texte un commentaire composé de façon à mettre en lumière l'intérêt qu'il vous inspire. Vous pourrez, par exemple, étudier comment ce repas de l'enfant malade est transfiguré par la richesse des sensations, les nuances des relations affectives et par le pouvoir de l'imagination. Vous vous abstiendrez seulement de présenter un commentaire linéaire et de faire une division artificielle entre le fond et la forme.

---

1. Ornée de traits gravés en creux et entrecroisés.

Corrigé

PLAN DÉTAILLÉ

I. Un enfant malade.

1. Un être affaibli.

Le héros de cette page est dès l'abord désigné dans ce qui fait sa spécificité : « l'enfant malade ». On assiste à son repas, et quelques traits prouvent bien son état ; on lui donne à manger (« Jean chéri, tends ton bec »), il prend un remède, avale une « soupe phosphatée », censée reconstituante, enfin fait montre d'un appétit capricieux. D'autre part, à plusieurs reprises, on le voit « épuisé », fermer les yeux...

2. Un être protégé : le cadre familial.

C'est un enfant choyé par son entourage (*cf.* des expressions comme « réconfort... comme elle est gentille... la gentillesse universelle), qui est plein d'attentions pour lui (*cf.* les botillons de bleuets qu'on achète pour lui). Il est plongé dans un climat général d'affection : le père disparu est évoqué avec tendresse (« ton cher papa »), la mère répond avec patience aux questions du fils (« mon Jean »), la servante Mandore elle-même est tout aussi attentionnée (*cf.* « le réconfort » de son regard), Jean lui-même enfin éprouve à l'égard de sa mère un respect (« Madame Maman ») qui n'en est pas moins affectueux (*cf.* sa volonté d'épargner sa mère en lui taisant ses secrets).

II. Le monde intérieur de l'enfant.

1. La découverte du monde.

• L'intérêt pour les objets environnants se manifeste dès le départ dans ce qui constitue une sorte d'inventaire des cuillers existantes (« cuillers à potions, cuillers à potage, cuillers à entremets... »). Le regard de l'enfant s'attarde longuement sur la cuiller à absinthe, en en détaillant l'aspect et les fonctions. Par ailleurs, les diverses évocations d'aliments révèlent de ce même intérêt. La photo du père elle-même, objet comme les autres, prend place dans l'univers quotidien.

• Le jeu avec les mots constitue une autre face de ce qui est en fait une prise de possession du monde. La répétition du mot « cuiller » est un refrain, en quelque sorte, tout comme prennent une allure de chanson les variations sur le mot « absinthe » (« absinthe, absinthe, abside, sainte abside »). Il y a un plaisir à nommer la réalité.

• On peut dire que l'enfant porte un regard gourmand sur ce qui l'entoure. Même le « regard capiteux » de Mandore est considéré comme « désaltérant » (une « bière brune »). Les aliments sont englobés dans ce regard. D'ailleurs, il s'agit surtout ici d'une « gourmandise » de l'œil, l'appétit de Jean n'étant pas forcément bien aiguisé. La « noisette de mouton », « le cadran de pomme », « le croissant d'abricot givré » sont attrayants, parce que vus dans leur forme et leur aspect particuliers. L'évocation du « poudreux parfum des bleuets » est à rattacher aussi à cette approche sensuelle des choses, qui n'est pas toujours pleine d'agréments cependant, on le verra.

2. L'imaginaire.

• L'enfant mène une vie secrète, par certains aspects. Ses réactions intérieures sont inattendues, et il ne les communique pas (« comme tout le monde est gentil pour moi !... S'ils pouvaient se retenir un peu... »). A plusieurs reprises, des expressions le montrent très éloigné des siens

(« des mots pour le silence, pour le secret... dans le secret de son vocabulaire »). Il pourrait même les choquer, dans son indifférence pour ce père qu'il ne connaît pas (*cf.* l'adverbe « froidement », et la périphrase qui désigne le père). Toute la fin du passage nous révèle les impressions de Jean, dont son entourage n'a pas idée.

• C'est que les choses sont à ses yeux vivantes, et éventuellement animées d'intentions ou de sentiments. Leur aspect évocateur entraîne par exemple l'imagination de l'enfant : les fourchettes deviennent des « démons quatre fois cornus » et manifestent une violence proprement diabolique (*cf.* les mots « s'empalaient », un poisson « convulsé ») ; on peut même leur prêter de la cruauté quand elles s'attaquent aux pommes et à leurs « deux yeux de pépin ». Le mauvais goût du remède en fait un « ravin aux cadavres » ; l'image est forte, et rend compte là aussi de la violence de cette imagination enfantine. Tous les aliments, ou presque, semblent transformés par ce regard ; la soupe est assimilée, du fait de la substance qu'on y ajoute, à « un grenier mal balayé, calfaté de vieille farine... » (on peut remarquer l'originalité de la comparaison), « le petit cube d'agneau » devient un agneau vivant (« votre chair bêle encore »), et on peut remarquer à ce sujet la sensibilité de l'enfant.

CONCLUSION

Ce repas d'enfant malade est plus qu'un simple récit. La vie quotidienne est transformée par un regard d'enfant, qui voit son univers à travers sa sensibilité, son imagination, l'une et l'autre très riches. On ne peut que penser à l'attitude de Colette face au monde, elle pour qui les sensations permettent de toucher à l'essence même des êtres et des choses.

ACADÉMIE DE LILLE

VOCABULAIRE
Quand je dis myrtille c'est l'ombre odorante des amours
Quand je dis collines le langage oublié de l'enfance
Quand je dis bleu le double regard de mon sang
De mon nom qui colore hier aux couleurs de demain.
Quand je dis noisette je vois Juliette et ses dix ans
Mais le cœur connaît-il des raisons pour rêver ?
Je vois encore une bergère de dix ans
Au fond des prés, il y a longtemps, la vieille femme
Que je vénère comme la vie et qui garde ses morts
Doucement telles autrefois ses peureuses brebis.
Quand je dis couleuvre ô charmeurs d'oiseaux et d'orvets
Mes aïeux espiègles ouvriers de la révolution
Me font clin d'œil de malice au-delà des tombes.
Quand je dis pain c'est père plus généreux et vif
Que blés dans leur gloire couronnés par le vent

Mer c'est la mère blonde et bleue comme les plages
La vague qui berce et s'endort et secoue ses cheveux.
Quand je dis arbre mon fils tendre feuillage étincelle
Sylvestre printemps qui ruisselle sur les pierres,
Quand je dis nuit celle que j'aime monte vers moi
Du fond des songes femme de nuit et de songe.

Georges-Emmanuel Clancier, *Une Voix.*

Vous ferez de ce poème un commentaire composé que vous organiserez à votre gré.

Corrigé

INDICATIONS

C'est ici un inventaire du monde (*cf.* le titre du poème), de forme très simple (« quand je dis… c'est »). Seuls, quelques développements « lyriques » rompent le rythme de l'énumération. On remarque l'importance qu'ont pour le poète la nature et l'enracinement dans le temps.

ACADÉMIE DE LIMOGES

S'il avait peu de connaissances en haute typographie, en revanche il passait pour être extrêmement fort dans un art que les ouvriers ont plaisamment nommé la soulographie, art bien estimé par le divin auteur du *Pantagruel,* mais dont la culture, persécutée par les sociétés dites de tempérance, est de jour en jour plus abandonnée. Jérôme-Nicolas Séchard [1], fidèle à la destinée que son nom lui avait faite, était doué d'une soif inextinguible. Sa femme avait pendant longtemps contenu dans de justes bornes cette passion pour le raisin pilé, goût si naturel aux Ours [2] que M. de Chateaubriand l'a remarqué chez les véritables ours de l'Amérique : mais les philosophes ont observé que les habitudes du jeune âge reviennent avec force dans la vieillesse de l'homme. Séchard confirmait cette loi morale : plus il vieillissait, plus il aimait à boire. Sa passion laissait sur sa physionomie oursine des marques qui la rendaient originale : son nez avait pris le développement et la forme d'un A majuscule corps de triple canon, ses deux joues veinées ressemblaient à ces feuilles de vigne pleines de gibbosités [3] violettes, purpurines et souvent panachées ; vous eussiez dit d'une truffe monstrueuse enveloppée par les pampres de l'automne. Cachés sous deux gros sourcils pareils à deux buissons chargés de neige, ses petits yeux gris, où pétillait la ruse d'une avarice qui tuait tout en lui, même la paternité, conservaient leur esprit

---

1. Jérôme-Nicolas Séchard est un vieil imprimeur d'Angoulême.
2. Un ours, en argot du métier, est un ancien compagnon travaillant à la presse.
3. Gibbosité : proéminence en forme de bosse.

jusque dans l'ivresse. Sa tête chauve et découronnée, mais ceinte de cheveux grisonnants qui frisottaient encore, rappelait à l'imagination des Cordeliers [1] des *Contes* de la Fontaine. Il était court et ventru comme beaucoup de ces vieux lampions qui consomment plus d'huile que de mèche ; car les excès en toute chose poussent le corps dans la voie qui lui est propre. L'ivrognerie, comme l'étude, engraisse encore l'homme gras et maigrit l'homme maigre.

Balzac, *Illusions Perdues,* 1837. Première partie : « Les Deux Poètes ».

Commentez, sous forme de devoir composé, cet extrait des *Illusions Perdues* de Balzac.

Vous pourrez par exemple montrer comment la précision de l'écrivain associe, dans un portrait caricatural ; comique et poésie.

Corrigé

INDICATIONS

Le comique tient à plusieurs facteurs dans ce texte ; il est curieux de voir l'auteur recourir à toute une culture littéraire pour décrire un buveur intempestif... Il porte un regard de naturaliste sur son personnage, tout en faisant jouer son imagination (l'homme est presque transformé par les comparaisons de ses traits avec les végétaux...).

ACADÉMIE DE LYON

Vous présenterez de ce texte un commentaire composé que vous organiserez à votre gré. Vous pourrez, par exemple, étudier comment la diversité des moyens mis en œuvre sert ici les intentions de l'auteur.

Philosophe, philanthrope, ami du progrès et de la civilisation, enthousiaste de la culture de la pomme de terre et de l'émancipation des nègres, il déclarait sans cesse que tous les hommes sont égaux, mais il eût été bien étonné, pourtant, si son épicier ne l'eût pas salué le premier lorsqu'il passait devant sa boutique ; tenant sévèrement ses domestiques, disant « ces gens-là » en parlant d'eux, et trouvant toujours que les ouvriers perdaient leur temps.

C'était un de ces hommes du grand troupeau, ni bons ni méchants, ni grands ni trop petits, avec une figure comme tout le monde et un esprit comme les autres, se croyant raisonnables et cousus d'absurdités, se vantant d'être sans préjugés, et pétris de prétentions, parlant sans cesse de leurs jugements, et plus étroits qu'un sac de papier

1. Ordre religieux.

qui se crève dès qu'on veut y faire entrer quelque chose ; qui ne battent personne parce qu'ils ne sont pas nés violents, n'assassinent pas parce qu'ils ont horreur du sang, ne volent pas parce qu'ils n'ont besoin de rien, ne se grisent pas parce que le vin leur fait mal ; qui craignent un peu Dieu quand il tonne et plus encore le diable quand ils meurent ; qui veulent que vous ayez leur opinion, leur goût, que vous épousiez leurs intérêts, que vous parliez leur langue, portiez leur costume, soyez de leur pays, de leur ville, de leur rue, de leur maison, de leur famille, et qui sans doute, au fond d'eux-mêmes, se trouvent néanmoins doux, humains, sobres, tempérants, moraux, patriotes et vertueux, regardant certaines choses élevées comme des niaiseries, mais en prenant au sérieux bien plus de bouffonnes, à commencer par eux-mêmes.

Gustave Flaubert, 1845, *La première éducation sentimentale,*
Chap. XXIII. Éd. du Seuil, Col. Tel Quel.

Corrigé

INDICATIONS

Entre la première et la deuxième *Éducation Sentimentale,* il n'y a pas beaucoup de rapports ; les intrigues n'ont en effet rien à voir, si ce n'est qu'il s'agit dans ces deux livres de l'éducation de deux jeunes gens — ou d'un jeune homme — par le sentiment. Dans la première *Éducation,* Henry et Jules traversent l'un et l'autre une grande passion, avant d'aboutir à deux formes distinctes de « sagesse ». Mais, à côté de l'histoire principale, ce roman, comme celui qui portera plus tard le même nom, est déjà rempli de traits de mœurs, de descriptions de silhouettes de personnages secondaires, où se manifestent des dons éclatants, comme dans cette page pleine de verve, qui dépeint un bourgeois sans grande consistance.

On a là l'image d'un personnage dominateur, qui écrase volontiers ses inférieurs (*cf.* l'épicier, ces « gens-là » qui sont ses domestiques, les ouvriers qui ne font rien de bon). Il se grise de grands mots, qu'il applique à sa personne (« philosophe, philanthrope, ami du progrès et de la civilisation, enthousiaste ... »), et parle avec assurance (« il déclarait ... se vantant ... parlant sans cesse »). Il veut exercer sa puissance sur les autres (« qui veulent que vous ayez leur opinion », etc.), et se considère en outre avec complaisance (« se trouvent doux ... »).

L'ironie de Flaubert éclate dans tout le passage, d'abord dans son insistance sur le caractère très ordinaire de son personnage (« un de ces hommes du grand troupeau, ni bons ni méchants », etc.). Les expressions « comme tout le monde », « comme les autres » ramènent ses prétentions à leur juste niveau. Flaubert montre également la démesure de cet homme, en accumulant par exemple au début les « grandes idées » qu'il brasse, et en lui faisant mettre sur le même plan la culture de la pomme de terre et l'émancipation des nègres, ce qui est du plus haut effet comique ! La fin du texte témoigne de ses exigences exorbitantes sur les autres (« qui veulent que vous ayez leur opinion, leur goût... »).

La longue énumération fait sourire, comme la progression depuis

« leur pays, leur ville », jusqu'à « leur famille », qui les montrent de plus en plus intransigeants). Enfin, tout le texte est construit sur un système d'oppositions qui permet à l'auteur de démolir son personnage. Il faudrait détailler ces lignes, qui ne constituent en fait que deux longues phrases. On remarquera l'opposition du premier paragraphe entre le côté pompeux de l'expression des idées généreuses, et l'accumulation de petits faits révélateurs d'une mesquinerie certaine (« mais ... pourtant ... »). Au début du second paragraphe, le contraste se situe à l'intérieur de chaque proposition, marqué ironiquement par un simple « et » (« se croyant raisonnables et cousus d'absurdités »). Puis sont évoquées côte à côte les prétendues qualités de ce genre d'homme et les raisons profondes de ces « vertus » (« qui ne battent personne parce qu'ils ne sont pas nés violents... », etc.) ; on voit en fait apparaître les « petits côtés » de ces personnes (« ne se grisent pas parce que le vin leur fait mal »). Le texte, en dernier lieu, est tout entier constitué d'une opposition entre les traits accumulés, qui ne laissent aucun doute sur le jugement porté par l'auteur, et l'opinion qu'ont d'eux-mêmes ces « hommes du grand troupeau » (« et qui... se trouvent néanmoins doux, humain », etc.).

On voit que Flaubert n'est pas tendre. Il faudrait même dire que ces deux longues phrases, faites d'accumulations, d'énumérations diverses, ainsi que la force de certains termes (« cousus de... pétris de... »), montrent qu'il se déchaîne. Dans la fin du texte, on apprécie la pointe qui couronne le tout : les participes présent, qui marquent souvent une action secondaire, sont là en fait pour couvrir de ridicule le personnage, Flaubert opérant un renversement dans les derniers mots : « ... mais en prenant au sérieux bien plus de bouffonnes, à commencer par eux-mêmes ».

ACADÉMIE DE MONTPELLIER

Mariée à Charles Bovary et mère d'une petite fille, Berthe, Emma a formé le projet de s'enfuir avec son amant Rodolphe. Tandis que son époux dort, elle, à ses côtés, demeure éveillée et rêve :

Au galop de quatre chevaux, elle était emportée depuis huit jours vers un pays nouveau d'où ils ne reviendraient plus. Ils allaient, ils allaient, les bras enlacés, sans parler. Souvent, du haut d'une montagne, ils apercevaient tout à coup quelque cité splendide avec des dômes, des ponts, des navires, des forêts de citronniers et des cathédrales de marbre blanc, dont les clochers aigus portaient des nids de cigogne. On marchait au pas, à cause des grandes dalles, et il y avait par terre des bouquets de fleurs que vous offraient des femmes habillées en corset rouge. On entendait sonner des cloches, hennir les mules avec le murmure des guitares et le bruit des fontaines, dont la vapeur s'envolant rafraîchissait des tas de fruits disposés en pyramide au pied des statues pâles, qui souriaient sous les jets d'eau. Et puis ils arrivaient, un soir, dans un village de pêcheurs, où des filets bruns séchaient au vent, le long de la falaise et des cabanes. C'est là qu'ils s'arrêteraient pour vivre ; ils habiteraient une maison basse, à toit plat, ombragée d'un palmier, au fond d'un golfe, au bord de la mer. Ils se promèneraient en gondole, ils se balanceraient en hamac ; et leur existence serait facile et large comme leurs vêtements de soie, toute chaude et étoilée comme les nuits douces qu'ils contempleraient. Cependant, sur l'immensité de cet avenir qu'elle se faisait apparaître, rien de particulier ne surgissait ; les jours, tous magnifiques, se ressemblaient comme des flots ; et cela se balançait à l'horizon, infini, harmonieux, bleuâtre et couvert de soleil. Mais l'enfant se mettait à tousser dans son berceau, ou bien Bovary ronflait plus fort, et Emma ne s'endormait que le matin...

Flaubert, *Madame Bovary,* 1857.

Vous ferez de ce texte un commentaire composé qui mette en évidence l'intérêt personnel que vous y trouvez. Vous pourrez faire apparaître, par exemple, la personnalité de l'héroïne d'après les rêves qui lui sont prêtés et les sentiments que semble lui porter son créateur.

Corrigé

REMARQUE

On sait que, pour écrire *Madame Bovary,* Flaubert s'est inspiré d'anecdotes empruntées à la chronique provinciale. Le thème choisi, l'adultère, est plus que commun, et la platitude d'une vie médiocre s'exprime au long de ces pages. Le romancier se donne en fait pour tâche de présenter l'envers du romanesque. Ce passage répond à cette intention. On notera qu'il fait suite à une rêverie à laquelle se livre Charles Bovary, imaginant sa femme et sa fille quand celle-ci aurait grandi. Flaubert enchaîne immédiatement : « et, tandis qu'il s'assoupissait... elle se réveillait en d'autres rêves ». Le contraste n'en est que plus marqué entre mari et femme, et leurs deux rêves parallèles répondent à une volonté déterminée de construction de la part de l'auteur.

PLAN DÉTAILLÉ

I. L'opposition avec la réalité.

1. Une rêverie.
Remarquons dès l'abord qu'Emma est en état de veille, comme l'indique le passage précédant le texte. Une expression du texte témoigne d'ailleurs du fait que ce rêve est le résultat d'une activité consciente : « cet univers qu'elle se faisait apparaître ». Emma imagine donc toute une future vie de voyages et d'amours romantiques.

2. Un pays nouveau.
Ce « pays nouveau d'où ils ne reviendraient plus » a tout le charme de l'inconnu ; il s'oppose en tout point à ce que connaît Emma. La monotonie est évitée par des déplacements incessants, depuis des « cités splendides » jusqu'à « un village de pêcheurs ». Quelques expressions au début du texte supposent en effet que l'imagination ne se porte pas sur une ville unique (« souvent... quelque cité »). D'autre part, la magnificence de ces cités n'a rien de commun avec la simplicité d'un village normand (*cf.* les dômes, les cathédrales de marbre, les clochers).

3. Une rêverie de compensation.

96

Ce qui est évoqué est une vie facile, où les déplacements se font sans problèmes aucuns, où l'on n'a qu'à se pencher pour ramasser les fleurs qui vous sont tendues, où l'on peut choisir sa résidence : « C'est là qu'ils s'arrêteraient pour vivre. » L'environnement est agréable, tant en ville (musique, fraîcheur, présence d'œuvres d'art) qu'au bord de la mer (promenade, flâneries). Même les vêtements sont à l'unisson de ce nouveau mode de vie : « leur existence serait facile et large comme leurs vêtements de soie ». Enfin, il est certain qu'Emma ne conçoit sa nouvelle vie qu'indissolublement liée à celle de Rodolphe : tous les verbes du texte sont au pluriel ; cela contraste singulièrement avec la difficulté qu'elle éprouve à supporter son mari.

II. La présence du rêve.

1. La suspension du récit.

On est plongé dans ce passage dans la vie intérieure de l'héroïne. Aucune action ne se produit ; toute parole est bannie, et ce, à l'intérieur même du rêve : « ils allaient sans parler ». Le récit ne retrouve ses droits qu'à la fin du texte (« Mais l'enfant se mettait à tousser »), avec les réalités quotidiennes (tousser, ronfler).

2. Les temps du rêve.

Il faut remarquer que tous les verbes du texte, ou presque, sont à l'imparfait (« ils allaient », etc.). Encore doit-on les distinguer, ces imparfaits étant en effet de nature bien distincte. Tous ceux qui servent à décrire les phases du rêve sont amenés ici par le style indirect qu'emploie Flaubert. Des verbes comme « ils allaient », « ils apercevaient » équivalent à des présents dans le style direct. Les quelques conditionnels du texte (« ils s'arrêteraient... ils habiteraient ») ont la valeur de futurs. On voit que la prédominance de ces imparfaits à valeur de présents marque l'intensité de l'imagination d'Emma : elle vit déjà son rêve. D'autre part, aucun changement de temps ne signale le retour à la réalité, à la fin du passage : « cela se balançait... l'enfant se mettait à tousser » ; ces derniers verbes étant à l'imparfait de narration. Flaubert rend ainsi bien sensible la présence du rêve, qui semble sur le même plan que les bruits de la chambre.

3. La netteté des images.

La précision de l'imagination est assez étonnante dans une rêverie, dont on attendrait logiquement qu'elle soit vague. Le regard d'ensemble sur la cité semble en détailler tous les éléments (jusqu'aux nids de cigogne !). La promenade en ville paraît réelle, tant les différentes sensations y sont présentes (couleurs : « des femmes en corsets rouges » ; sons : cloches, hennissements, guitare, bruit des fontaines ; sensation de fraîcheur, etc.). Enfin, les détails ne manquent pas non plus dans la description du village de pêcheurs. Cette particularité aussi donne une réalité matérielle au rêve.

On constate donc que, pour Emma, le rêve a le même statut que la réalité. De là à pouvoir en tirer des conclusions sur sa vie quotidienne, il n'y a peut-être pas loin... Flaubert est de toute évidence présent derrière ce texte et critique son héroïne.

III. Un regard ironique

1. Un rêve vague malgré tout.

Ce « pays nouveau » a beau être précis dans l'imagination de l'héroïne, il ne laisse tout de même pas de comporter des éléments inquiétants. Le « cependant » de la fin du texte nous ouvre des perspectives : « cependant, sur l'immensité de cet avenir... rien de particulier ne surgissait ». Flaubert insiste sur ce qui est finalement une nouvelle forme de monotonie (« tous magnifiques... se ressemblaient »). Les images de flots, de balancement, ne sont pas pour détruire cette impression d'une vie peu passionnante. Les adjectifs choisis (« infini, harmonieux, bleuâtre et couvert de soleil ») font sourire : leur accumulation ne dissimule pas le vide de ces jours, et on sent la présence d'un Flaubert qui ne contient plus sa raillerie dans le mot « bleuâtre ».

2. Un romantisme de bas étage.

• L'exaltation de l'amour n'est pas absente du texte (*cf.* la précision de l'imagination : « les bras enlacés »). Toutes les actions projetées sont absolument communes, et elles consistent essentiellement en fait dans la conduite d'une vie désœuvrée, que meublent quelques loisirs faciles (*cf.* « les nuits douces qu'ils contempleraient »).

• Un exotisme de pacotille semble l'idéal d'Emma. Il faudrait énumérer tous les clichés auxquels se réfère son rêve, depuis les dômes, les forêts de citronniers, les cloches, les mules, jusqu'au palmier, au golfe, à la gondole, au hamac... Tous les poncifs véhiculés par le goût romantique pour l'Italie ou l'Espagne sont ici, ou presque. La tranquillité de la retraite où ils se fixent est on ne peut plus romantique ; d'une façon très approximative, on pourrait rapprocher ces détails de ceux auxquels se plaisaient des romans comme *Paul et Virginie*.

3. Un effet d'accumulation.

La cité imaginée n'est pas présentée comme unique (*cf.* « souvent... quelque cité... »). Aussi les précisions sont-elles assez comiques, puisqu'elles ne s'appliquent à rien de déterminé. Notons la longue énumération (« des dômes, des ponts, etc. »), qui est même circonstanciée (« dont les cloches portaient... ») ; le même procédé est utilisé quelques lignes plus loin (« une maison basse, à toit plat, etc.). Le texte est relancé, à intervalles réguliers, par de petits mots comme « et » (« et il y avait par terre... et puis ils arrivaient... et leur existence serait facile ») grâce auxquels tout semble couler de source, même s'il s'agit d'une suite d'éléments très divers. Les longues phrases, aux nombreuses propositions, concourent aussi à cet effet d'accumulation (*cf.* « on entendait ... le bruit des fontaines dont la vapeur... », etc.), de même que les courtes propositions parallèles (« ils se promèneraient..., ils se balanceraient... »).

On a donc ici, malgré le caractère précis du rêve, une abondance de traits qui est liée au goût romantique de l'exotisme, et qui aboutit à une certaine impression de confusion ; il est indéniable que dans tout ce texte Flaubert se moque de son héroïne, en faisant ressortir la qualité très médiocre de l'évasion de Madame Bovary, et son inanité, la vie rêvée étant elle aussi d'une uniformité lassante.

CONCLUSION

Le rêve d'Emma Bovary se dresse contre la monotonie de sa vie ; mais il n'est en fait qu'une dérision du romanesque. Par ailleurs, son irruption est tellement forte dans le paysage qu'il se hausse sur le même plan que le réel. On peut en déduire que la vie quotidienne à Yonville l'Abbaye n'a pas pour cette femme plus de consistance qu'une rêverie. Ce passage rejoint ainsi le thème profond du livre, qui est le conflit du réel et du rêve, ce dernier étant voué à l'échec.

ACADÉMIE DE NANCY

Ce lieu solitaire formait un réduit sauvage et désert ; mais plein de ces sortes de beautés qui ne plaisent qu'aux âmes sensibles et paraissent horribles aux autres. Un torrent formé par la fonte des neiges roulait à vingt pas de nous une eau bourbeuse, et charriait avec bruit du limon, du sable et des pierres. Derrière nous une chaîne de roches inaccessibles séparait l'esplanade où nous étions de cette partie des Alpes qu'on nomme les glacières, parce que d'énormes sommets de glace qui s'accroissent incessamment les couvrent depuis le commencement du monde. Des forêts de noirs sapins nous ombrageaient tristement à droite. Un grand bois de chênes était à gauche au-delà du torrent, et au-dessous de nous cette immense plaine d'eau que le lac forme au sein des Alpes nous séparait des riches côtes du pays de Vaud, dont la cime du majestueux Jura couronnait le tableau.

Au milieu de ces grands et superbes objets, le petit terrain où nous étions étalait les charmes d'un séjour riant et champêtre ; quelques ruisseaux filtraient à travers les rochers, et roulaient sur la verdure en filets de cristal. Quelques arbres fruitiers sauvages penchaient leurs têtes sur les nôtres ; la terre humide et fraîche était couverte d'herbe et de fleurs. En comparant un si doux séjour aux objets qui l'environnaient, il semblait que ce lieu désert dût être l'asile de deux amants échappés seuls au bouleversement de la nature.

J.-J. Rousseau, *La Nouvelle Héloïse* (1761),
IVe partie, lettre 17, Éd. Pléiade, p. 518.

Sous la forme d'un commentaire composé (sans vous limiter nécessairement à la démarche proposée), vous étudierez le paysage évoqué par l'auteur ; vous montrerez, par exemple, comment ce cadre crée un climat favorable à l'épanouissement des émotions de deux êtres qui s'aiment, et comment Rousseau illustre cette communion de la nature et des âmes, qui annonce les textes romantiques.

Corrigé

REMARQUE

A propos de la *Nouvelle Héloïse,* Rousseau écrit dans *Les Confessions :* « Pour placer mes personnages dans un séjour qui leur convînt, je passai successivement en revue les plus beaux lieux que j'eusse vus dans mes voyages. Mais je ne trouvai point de bocage assez frais, point de paysage assez touchant à mon gré... Il me fallait cependant un lac, et je finis par choisir celui autour duquel mon cœur n'a jamais cessé d'errer. » Ce lac, c'est celui de Genève, et ce sont les montagnes du Valais que Rousseau a choisies comme cadre de son roman. On verra que ce cadre ne l'intéresse pas en soi, pour son pittoresque par exemple, mais à cause des résonances qu'il éveille chez les hommes.

PLAN DÉTAILLÉ

I. Le paysage.

1. Une description précise.

Des précisions topographiques donnent une idée de la situation géographique du narrateur (*cf.* « à vingt pas de nous… derrière nous… à droite… à gauche… au-dessous de nous »). On a une vue d'ensemble du paysage, un film pourrait-on dire : le regard part de ce qui est le plus proche, puis balaye tout autour de lui, se baisse ensuite ; enfin, au deuxième paragraphe, il revient à l'endroit précis où se trouve le narrateur, et le décrit. On peut noter diverses autres précisions, comme par exemple les espèces des arbres (sapins, chênes…).

2. Des oppositions très fortes.

On constate, dans le deuxième paragraphe, un contraste total avec les éléments que contenait le premier. Le « réduit » n'a rien de commun avec ce qui l'entoure. Le reste du paysage est en effet grandiose (*cf.* « énormes sommets… grands bois… immense plaine d'eau… la cime du majestueux Jura… ces grands et superbes objets »), alors que l'accent est mis sur la petitesse de l'asile (« réduit… petit terrain »). Et cette idée d'accueil contenue dans le mot « asile » répond, en contrepoint, à celle que contenait l'expression « une chaîne de roches inaccessibles ». Le « séjour riant et champêtre » est plus agréable que les « forêts de noirs sapins », dont la tristesse est soulignée. Alors que les abords immédiats sont silencieux et tranquilles (on remarque la « discrétion » des ruisseaux qui « filtraient à travers les rochers »), plus loin le torrent se déchaîne à grand bruit (« roulait une eau bourbeuse… charriait avec bruit du limon, du sable et des pierres »). La rudesse des éléments évoqués n'a rien de commun avec la douceur des « filets de cristal » de la retraite. Ces oppositions entre un cadre horizontal accueillant et ses alentours hostiles, tout en verticalité, n'ont de sens que parce qu'ensemble, elles concourent à donner du paysage un tableau particulier.

3. Le tableau.

Le mot même est prononcé, à la fin du premier paragraphe. De fait, les oppositions très marquées, très soulignées, sont dignes d'être les éléments d'un tableau (l'art forçant souvent un peu la nature). Le choix du site a été fait en réalité en fonction de ces oppositions, et on a même presque l'impression par moments d'une beauté créée, et non pas naturelle (*cf.* « ces sortes de beauté… couronnait le tableau… étalait les charmes »). Cette nature si belle donc qu'elle compose un tableau, sans intervention d'un artiste, suscite des sentiments, comme toute forme de beauté.

II. Les sentiments.

1. Le paysage répond aux goûts de Rousseau.

Celui-ci est une de ces « âmes sensibles » auxquelles il est fait allusion au début du paysage. On sait à quel point le sentiment de la nature intervient dans *La Nouvelle Héloïse,* comme source et en même temps reflet des impressions humaines. Dans ce texte, les adjectifs qui décrivent le paysage sont chargés d'une sorte d'affectivité (*cf.* sauvage, majestueux, riant). Rousseau ne peut trouver là que ce qui lui plaît : le goût de la solitude (« ce lieu solitaire… sauvage et désert » et même plutôt de la solitude à deux (« deux amants échappés seuls ») ; ceux de la mélancolie (« tristement »), de la pureté (*cf.* « les filets de cristal » des ruisseaux).

On retrouve dans ce texte la fascination préromantique qui s'épanouira chez les Romantiques, pour le chaos originel, pour les cataclysmes (*cf.* « échappés seuls au bouleversement de la nature ») pour les visions cosmiques (*cf.* « d'énormes sommets de glace qui s'accroissent incessamment... depuis le commencement du monde »), pour les oppositions fortes aussi (ici, la petitesse de l'homme est soulignée, du fait de l'immensité des espaces).

2. Un éloge de la nature.

Malgré son aspect qui peut être effrayant, la nature, par d'autres côtés, est une bienfaitrice de l'homme. Elle lui offre une protection (« le petit terrain », « l'asile », conduisent à l'apaisement final) ; elle met à sa disposition des fruits et des fleurs (« quelques arbres fruitiers sauvages... la terre était couverte d'arbres et de fleurs »), ainsi que de l'eau. A ce propos, on peut d'ailleurs noter que les arbres fruitiers sont « sauvages » : la nourriture éventuelle proviendrait dans ce site, non du travail de l'homme, mais de la seule nature. Enfin, on peut remarquer quelque chose qui ressemble à de la complicité entre l'homme et la nature : « quelques arbres... penchaient leurs têtes sur les nôtres ».

CONCLUSION

On voit qu'est suggérée, à la fin de ce texte, l'idée d'une passion envisagée dans un cadre naturel, loin de l'hypocrisie du monde. A la lecture de ces lignes, on comprend que *La Nouvelle Héloïse,* venue à son heure prendre sa revanche sur la froide raison, ait répandu parmi ses lecteurs de l'époque le goût de la vie rustique, et l'attirance pour la montagne qui paraissait « horrible » auparavant.

ACADÉMIE DE NANTES

J'entends j'entends le monde est là
Il passe des gens sur la route
Plus que mon cœur je les écoute
Le monde est mal fait mon cœur las

Faute de vaillance ou d'audace
Tout va son train rien n'a changé
On s'arrange avec le danger
L'âge vient sans que rien se passe

Au printemps de quoi rêvais-tu
On prend la main de qui l'on croise
Ah mettez les mots sur l'ardoise
Compte qui peut le temps perdu

Tous ces visages ces visages
J'en ai tant vu des malheureux
Et qu'est-ce que j'ai fait pour eux
Sinon gaspiller mon courage

Sinon chanter chanter chanter
Pour que l'ombre se fasse humaine
Comme un dimanche à la semaine
Et l'espoir à la vérité

Louis Aragon, *Les Poètes,* 1960. (Cinq premières strophes d'un poème qui en comprend dix-sept, extrait de « Le Discours à la Première personne », 3.)

Vous ferez un commentaire composé de ces strophes. Vous pourrez, par exemple, montrer comment les reprises de termes, le rythme et la mélodie attachés à la versification, la simplicité des images rendent sensibles une attention permanente à la souffrance humaine et un désir d'y porter remède par les pouvoirs du chant et des mots.

Corrigé

REMARQUE

Le poète et romancier Louis Aragon n'a jamais ménagé son engagement : militant communiste, écrivain de la Résistance, il a toujours voulu mettre sa poésie au service de ses idées politiques. Dans cette perspective, le jeu verbal prend pour lui toute son importance ; dans *Feu de Joie,* il déclare par exemple : « Le monde à bas, je le bâtis plus beau. » On trouve dans ce poème un écho de cette volonté.

PLAN SCHÉMATIQUE

I. Le monde tel qu'il est.

1. La monotonie et l'anonymat.
Aucune précision n'est donnée, les termes sont vagues (« le monde ... des gens ... on ... qui l'on croise ... tous ces visages »). Les répétitions par ailleurs (« j'entends j'entends », « ces visages ces visages ») semblent indiquer que le problème abordé dans le poème n'a rien d'exceptionnel. L'absence de ponctuation banalise encore plus la situation (« ces visages ces visages »).

2. Le malheur.
Il est perceptible dès le départ (« le monde est mal fait »), et la conscience de son existence semble être une obsession pour le poète (« Tous ces visages ces visages / J'en ai tant vu des malheureux »).

3. Un état qui s'impose. *Cf.* la deuxième strophe (« Tout va son train... ») qui fait allusion aux compromissions de la lâcheté humaine.

II. Les réactions d'Aragon devant ce monde.

1. Une présence au monde, qui semble ne déboucher sur rien.
• L'auteur n'est pas étranger aux souffrances humaines (« j'entends... le monde est là »). Il paraît même y prêter plus d'attention qu'à ses propres

sentiments (*cf.* vers 3), écartant ainsi toute tentation de confidence lyrique.

• Cela ne l'empêche pas de constater son impuissance, comme l'indique déjà le terme initial, « j'entends », qui est appliqué à une attitude plutôt passive. Dans sa lassitude (vers 4), il s'englobe dans la démission générale qui rejette la responsabilité sur l'état des choses (vers 4), dénonce la fuite du temps (vers 8, 9 et 12 : le contraste entre les espoirs du « printemps », de la jeunesse et la réalité est flagrant). Il en arrive presque à un dégoût de son inaction (vers 12, 15-16 : le mot « gaspiller » résume bien ses sentiments).

2. Le pouvoir des mots.

• Plus que toutes les actions possibles, auxquelles se référaient des mots comme « vaillance, audace, courage », la poésie paraît le recours contre ce malheur fondamental de l'homme. Les « mots » (vers 11) s'opposent au rêve (vers 9), le chant est présenté comme un effort peut-être dérisoire (« qu'est-ce que j'ai fait... chanter »), mais au moins réel — et la répétition se fait plus insistante au vers 17 — pour modifier le monde. Le but est clair : il faut dénoncer et corriger les injustices, et rétablir les vraies valeurs (vers 18 à 20).

• Cette croyance dans le pouvoir des mots se manifeste dans le caractère un peu incantatoire du poème. Les reprises de termes pouvaient exprimer une certaine monotonie ; elles sonnent par ailleurs comme des « refrains », et donnent à ces vers une allure de chanson, tout comme l'absence de ponctuation, qui produit une impression de fluidité.

CONCLUSION

L'optimisme paraît difficilement conquis dans ce poème. On a peine à retrouver ici l'homme d'action que fut pourtant Aragon. Mais l'attention portée à la souffrance humaine se traduit finalement dans un acte de foi en la poésie ; or chanter, c'est aussi essayer de « bâtir un monde plus beau ».

ACADÉMIE DE NICE

Fabrice del Dongo de retour en Italie dans sa famille, à Grianta, après avoir participé à la bataille de Waterloo, vient de passer la nuit chez le vieil abbé Blanès son ami, au haut du clocher de l'église. A son réveil, il assiste aux préparatifs d'une fête donnée en l'honneur de saint Giovita, patron du village.

Fabrice chercha un endroit convenable pour voir sans être vu ; il s'aperçut que de cette grande hauteur, son regard plongeait sur les jardins, et même sur la cour intérieure du château de son père. Il l'avait oublié. L'idée de ce père arrivant aux bornes de la vie changeait tous ses sentiments. Il distinguait jusqu'aux moineaux qui cherchaient quelques miettes de pain sur le grand balcon de la salle à manger. Ce sont les descendants de ceux qu'autrefois j'avais apprivoisés, se dit-il. Ce balcon, comme tous les autres balcons du palais, était chargé d'un grand nombre d'orangers dans des vases de terre plus ou moins grands : cette vue l'attendrit ; l'aspect de cette cour intérieure, ainsi ornée avec ses ombres bien tranchées et marquées par un soleil éclatant, était vraiment grandiose.

L'affaiblissement de son père lui revenait à l'esprit. Mais c'est vraiment singulier, se disait-il, mon père n'a que trente-cinq ans de plus que moi ; trente-cinq et vingt-trois ne font que cinquante-huit ! Ses yeux, fixés sur les fenêtres de la chambre de cet homme sévère et qui ne l'avait jamais aimé, se remplirent de larmes. Il frémit, et un froid soudain courut dans ses veines lorsqu'il crut reconnaître son père traversant une terrasse garnie d'orangers, qui se trouvait de plein-pied avec sa chambre ; mais ce n'était qu'un valet de chambre. Tout à fait sous le clocher, une quantité de jeunes filles vêtues de blanc et divisées en différentes troupes étaient occupées à tracer des dessins avec des fleurs rouges, bleues et jaunes sur le sol des rues où devait passer la procession. Mais il y avait un spectacle qui parlait plus vivement à l'âme de Fabrice : du clocher, ses regards plongeaient sur les deux branches du lac à une distance de plusieurs lieues, et cette vue sublime lui fit bientôt oublier toutes les autres ; elle réveillait chez lui les sentiments les plus élevés. Tous les souvenirs de son enfance vinrent en foule assiéger sa pensée ; et cette journée passée en prison dans un clocher fut peut-être l'une des plus heureuses de sa vie.

Stendhal, *La Chartreuse de Parme*.

Vous ferez de ce texte un commentaire composé, que vous organiserez de façon à mettre en lumière l'intérêt qu'il vous inspire. Vous pourriez étudier par exemple tous les éléments (émotions, sensations, souvenirs...) qui contribuent à faire naître des sentiments complexes dans l'âme du jeune homme. Ces indications ne sont pas contraignantes et vous avez toute latitude pour orienter votre lecture à votre gré. Vous vous abstiendrez seulement de présenter un commentaire linéaire ou une division artificielle entre le fond et la forme.

Corrigé

REMARQUE

Fabrice est ici perché dans le haut d'un clocher ; on verra qu'il y trouve une forme de bonheur. On pensera à la similitude de sa position avec le moment où il sera enfermé dans la tour Farnèse, profitant d'une vue sublime et des apparitions de Clélia. On se réfèrera aux analyses de J.-P. Richard sur Stendhal : « C'est en termes d'espace, vertical ou horizontal, que se traduisent les valeurs stendhaliennes ... Cet univers où les âmes se distinguent les unes des autres par leur plus ou moins grande puissance d'exaltation, qui ne connaît de plus ignoble défaut que la bassesse, ni de plus belle vertu que la hauteur du caractère, ce monde s'oriente selon des lignes de force nettement ascensionnelles. Loin du « réel plat et fangeux », on s'y lance vers la griserie des « espaces imaginaires ».

PLAN DÉTAILLÉ

I. Un regard sur le paysage.

1. Le bonheur de dominer.

La situation de Fabrice, caché au haut d'un clocher, semble lui convenir parfaitement en la circonstance. Le regard plongeant est d'ailleurs souvent privilégié par Stendhal. De nombreuses expressions expriment la position du personnage (« plongeait sur ... de cette grande hauteur ... sous le clocher ... du clocher, ses regards plongeaient »). On peut distinguer trois plans dans cette vision du paysage : d'une part Fabrice a une vue directe de la cour intérieure du palais de son père, d'autre part il peut contempler, à ses pieds mêmes, le spectacle de la fête, enfin, « à une distance de plusieurs lieues », le lac attire son regard. L'œil peut donc prêter attention à des détails (les moineaux), ou se porter sur des horizons estompés. Loin du monde, Fabrice a la chance de le contempler dans son ensemble, et d'en admirer la beauté.

2. La beauté du cadre.

Tout concourt à donner du paysage une image idyllique. Peu d'agitation, semble-t-il — ou en tout cas, du haut du clocher, elle n'est pas perceptible (seules, les jeunes filles rompent l'apparente tranquillité, mais leurs mouvements paraissent réglés harmonieusement). C'est un palais typiquement italien que Fabrice retrouve, avec ses balcons, sa « terrasse garnie d'orangers ». Le contraste entre l'ombre et le soleil l'embellit encore (« l'aspect de cette cour... était vraiment grandiose »). Les notations de couleurs se multiplient avec la description des préparatifs de la fête. La vue du lac, enfin, semble porter à son comble le sentiment de l'harmonie du paysage.

3. Le bonheur romantique de la communion de l'âme avec la nature.

La fin du passage marque donc une gradation dans le bonheur de Fabrice. Le spectacle est qualifié de « sublime », adjectif qui rend bien l'exaltation du personnage. Les termes qui indiquent l'influence du paysage sur Fabrice ne manquent pas (« parlait plus vivement ... lui fit oublier ... réveillait chez lui les sentiments les plus élevés ... tous les souvenirs vinrent assiéger »), et le rapport entre l'âme et la nature est nettement rendu (la vue conduit aux « sentiments les plus élevés »). Il faut bien noter toutefois que le bonheur que procure le paysage n'exclut pas ici d'autres considérations.

II. Un regard sur la vie.

1. La solitude d'un exclu.

• Il est nécessaire de considérer la situation de Fabrice dans ce texte. Après avoir participé à la bataille de Waterloo, il est suspect pour avoir « montré de l'enthousiasme pour Napoléon ». Aussi, il lui faut « voir sans être vu », voir son domaine et les siens sans en approcher. Et même si son regard « plonge » sur le château, même s'il distingue les moineaux sur le balcon, sa vision n'est pas très nette, puisqu'il confond son père et un valet de chambre. Et si sa solitude est source de bonheur, elle conduit aussi à une certaine nostalgie.

• En effet, le retour en arrière est lié à des sentiments complexes. Fabrice se reporte plusieurs fois vers son passé (« il l'avait oublié ... les moineaux sont rapprochés de ceux de son enfance ... « cette vue l'attendrit » ... « tous les souvenirs de son enfance vinrent en foule »), il le considère avec plaisir, comme à la fin du texte, mais « l'attendrissement » qu'il ressent est peut-être le résultat de la conscience de la disparition de son enfance.

2. La nostalgie de la fuite du temps.

Elle est sensible surtout dans les réflexions que suscite le vieillissement de son père. On peut noter que la rêverie ne prend pas pour point de départ un quelconque amour pour celui-ci. Les sentiments de Fabrice sont nets à l'égard de cet homme dont on sait que Stendhal suggère qu'il n'est pas le père du cadet des del Dongo (« ce père ... cet homme sévère et qui ne l'avait jamais aimé »). Et cependant, dès le début du passage, on voit le héros avoir une attitude assez étonnante : « L'idée de ce père arrivant aux bornes de la vie changeait tous ses sentiments. » C'est que, de façon générale, cet « affaiblissement » de son père souligne la fragilité de toute destinée, comme l'indique aussi le compte des années auquel se livre Fabrice. Cette idée devient si forte en lui qu'il en arrive à un point d'émotion extrême (« ses yeux ... se remplirent de larmes. Il frémit, et un froid soudain... »). On peut se demander si ces larmes, ce froid, ne sont pas liés à la pensée sous-jacente de la mort.

Il faut noter toutefois que cette nostalgie, assez puissante dans le texte, n'efface pas le bonheur ressenti, qui surgit à nouveau dans les dernières lignes.

CONCLUSION

La perspective de Fabrice, du haut de son clocher, est donc aussi bien temporelle que spatiale. Il domine et le paysage, et sa vie entière (et même, à quelques lignes de là, le passé, le présent, l'avenir, qu'éclaireront les prophéties de l'abbé Blanès). Les sentiments que cette situation suscite en lui sont complexes, tous sont liés cependant à une recherche du bonheur, même cette nostalgie de la fuite du temps qui n'en est que l'envers. On reste ici sur l'impression d'un émerveillement devant la beauté du monde, en dépit de tout, et c'est un de ces instants heureux de la *Chartreuse* qui illuminent cette œuvre composite.

ACADÉMIE D'ORLÉANS

On les voit chaque jour, filles-mères, souillons,
Béquillards mendiant aux porches des églises,
Gueux qui vont se vêtir à la halle aux haillons,
Crispant leurs pieds bleus aux morsures des bises ;
Mômes pieds nus, morveux, bohèmes loqueteux,
Peintres crottés, ratés, rêveurs humanitaires
Aux coffres [1] secoués de râles caverneux,
Dans leur immense amour oubliant leurs misères :
Les rouleurs d'hôpitaux, de souffrance abrutis,
Les petits vieux cassés aux jambes grelottantes
Dont le soleil jamais n'égaye les taudis,
Clignant des yeux éteints aux paupières sanglantes

1. Coffre : poitrine.

Et traînant un soulier qui renifle aux ruisseaux ;
— Tous vaincus d'ici-bas, — quand Paris s'illumine,
On les voit se chauffer devant les soupiraux,
Humer joyeusement les odeurs de cuisine,
Et le passant qui court à ses plaisirs du soir
Lit dans ces yeux noyés de lueurs extatiques [1]
Brûlant de pleurs de sang un morceau de pain noir :
Oh ! les parfums dorés montant des lèchefrites [2] !

Jules Laforgue (1860-1887), Premiers poèmes.

Vous ferez de ce poème un commentaire composé. En vous gardant de faire une simple explication juxtalinéaire et de séparer la forme du fond, vous pourriez montrer par exemple comment l'accumulation de figures ainsi mises en scène évoque un univers et des sentiments particuliers.

Corrigé

INDICATIONS

Ce poème est consacré aux parias de la société (« filles-mères, béquillards mendiant, gueux, bohèmes, ratés », etc.). L'accumulation des termes, qui ne sont même pas séparés par des « et », en fait une foule anonyme. Il n'y a pas d'articles pour les définir, ils ne sont pas présentés dans une action, mais simplement comme dans un tableau (*cf.* les participes présent). A cette foule (« tous vaincus d'ici-bas ») est fortement opposée la singularité de l'homme « normal » (« et le passant qui court ... »). Le contraste est aussi très fort entre l'expression des souffrances dues au froid (*cf.* « haillons ... pieds bleus aux morsures des bises ... râles caverneux ... jambes grelottantes ... ») et les notations en rapport avec la chaleur, la lumière (« le soleil ... quand Paris s'illumine ... se chauffer ... les odeurs de cuisine ... lueurs extatiques ... les parfums dorés ... »). La misère éclate dans la participation paradoxale des affamés aux plaisirs qu'ils contemplent (« humer joyeusement ... lueurs extatiques », etc.).

Il faut par ailleurs noter dans ce texte le choc voulu entre la vulgarité du sujet, et son expression poétique. Les thèmes évoqués n'ont rien de relevé, les mots sont empreints d'une certaine trivialité (« béquillards ... mômes ... morveux ... crottés ... coffres ... rouleurs »). Mais même cette vulgarité peut être source de poésie (*cf.* des expressions comme « la halle aux haillons », « aux coffres secoués de râles caverneux » ... « traînant un soulier qui renifle aux ruisseaux » : des images originales sont ainsi esquissées). La souffrance elle aussi est regardée en face tout en étant transfigurée par la peinture qui en est donnée dans certains vers (« brûlant de pleurs de sang un morceau de pain noir »).

Ainsi ces éléments qui auraient paru insolites en poésie avant un Baudelaire par exemple, sont intégrés de façon réaliste dans cette suite de vers, leur donnant leur originalité. On pense au fameux : « Tu m'as donné ta boue, et j'en ai fait de l'or » de Baudelaire.

---

1. Extatique : ravi en extase.
2. Lèchefrites : ustensile de cuisine destiné à recueillir le jus de la viande qui rôtit.

ACADÉMIE DE PARIS

Un coin de sable, un arbre, un mur, oui, c'était là sans doute mon décor et la source de ma joie. Mais ce coin de sable avait une ampleur de citadelle, où les plus belles aventures pouvaient naître, et cet arbre, dont le tronc, dès la base, se partage en deux branches, c'est son déchirement, sa figure intime, son être propre qui m'émouvait comme un visage et plus qu'un visage. Car tout prenait une âme ; il n'était que de rester silencieux, immobile, pour la sentir ; et le monde se peuplait ainsi de compagnies amicales et stables, d'autant plus précieuses que nul que moi ne semblait les reconnaître.

Chers refuges. Il m'arrivait, après une journée d'école, de courir jusqu'à une lande, derrière le village, ou à une baraque de cantonnier, au bas de la côte, ou simplement au jardin. Et souvent, maussade, énervé, je ne voyais rien survenir, tout me semblait fermé. J'attendais vainement une heure ; je me sentais au comble de la misère. Soudain, je ne sais pourquoi, je ne sais comment, tout est changé ; le monde s'est ouvert ; je perçois un chant de grillon : comment ne l'avais-je pas entendu, si régulier et strident ? Un poirier tremble ; une odeur de menthe me serre la gorge. Cet air vif, cette rumeur des peupliers sur la route, ces nuages agiles dans un ciel pensif : voilà ma vie. J'ouvre, je ferme les mains, je respire à peine ; mais tout cela respire pour moi. C'est un peu de moi-même et je suis un peu de l'arbre déchiré, de la terre humide, du vent tiède, un peu de l'heure aussi qui a son visage, mon visage.

Marcel Arland, *Terre natale* (1938).

Vous étudierez ce texte sous forme de commentaire composé. Vous pourrez vous interroger, par exemple, sur la manière dont l'auteur fait revivre l'enfant qu'il a été, sur la nature des rapports que ce dernier créait et entretenait avec le monde, et sur les rythmes qui caractérisent cette page.

Corrigé

INDICATIONS

Cette évocation fait de l'enfance une époque particulièrement riche de l'existence...

On remarquera que, sur le moment, l'auteur avait le sentiment d'être le seul à pouvoir communiquer avec la nature. De fait, l'enfant a dans ce texte une sensation aiguë de la vie de la nature (« tout prenait une âme »). On a l'impression que cette communication est donnée, ou refusée à qui en a le privilège (« le monde s'est ouvert »).

ACADÉMIE DE POITIERS

VOILES AU PORT

Dans le port étroit et long comme une chaussée d'eau entre ses quais peu élevés où brillent les lumières du soir, les passants s'arrêtaient pour regarder, comme de nobles étrangers arrivés de la veille et prêts à repartir, les navires qui y étaient assemblés. Indifférents à la curiosité qu'ils excitaient chez une foule dont ils paraissaient dédaigner la bassesse ou seulement ne pas parler la langue, ils gardaient dans l'auberge humide où ils s'étaient arrêtés une nuit, leur élan silencieux et immobile. La solidité de l'étrave ne parlait pas moins des longs voyages qui leur restaient à faire, que ses avaries des fatigues qu'ils avaient déjà supportées sur ces routes glissantes, antiques comme le monde et nouvelles comme le passage qui les creuse et auquel elles ne survivent pas. Frêles et résistants, ils étaient tournés avec une fierté triste vers l'océan qu'ils dominent et où ils sont comme perdus. La complication merveilleuse et savante des cordages se reflétait dans l'eau comme une intelligence précise et prévoyante plonge dans la destinée incertaine qui, tôt ou tard, la brisera. Si récemment retirés de la vie terrible et belle dans laquelle ils allaient se retremper demain, leurs voiles étaient molles encore du vent qui les avait gonflées, leur beaupré s'inclinait obliquement sur l'eau comme hier encore leur démarche, et, de la proue à la poupe, la courbure de leur coque semblait garder la grâce mystérieuse et flexible de leur sillage.

Marcel Proust.

Vous ferez un commentaire composé de ce passage.

Vous pourriez par exemple étudier les qualités de la description puis la transfiguration poétique qu'en propose l'auteur. Mais cette indication vous laisse entièrement libre de choisir votre démarche.

Corrigé

PLAN DÉTAILLÉ

I. La vie d'un port.

1. La description.

Elle est assez précise ; c'est une scène quotidienne dans ce genre d'endroit (*cf.* la curiosité des passants). Certaines considérations sont nées de l'observation (« la solidité de l'étrave ne parlait pas moins de longs voyages qui leur restaient... que ses avaries des fatigues... » ou bien « la complication merveilleusement savante des cordages se reflétait dans l'eau... »). Quelques mots techniques viennent compléter les précisions données (beaupré... proue... poupe... »).

2. Un appel au voyage.

Paradoxalement, cette description statique renferme l'idée d'un voyage (*cf.* « leur élan silencieux et immobile »).

On a l'image d'un monde en perpétuel mouvement, même si les navires sont immobiles pendant leur séjour au port (*cf.* « prêts à repartir… leur élan silencieux et immobile… ne parlait pas moins des longs voyages… ils étaient tournés vers l'océan… »). Un bateau n'est jamais fixe, comme en témoigne le sillage qu'ils laissent (« ces routes glissantes… nouvelles comme le passage qui les creuse et auquel elles ne survivent pas »).

• Ces bateaux sont à la charnière du passé et de l'avenir. Le passé les marque encore (*cf.* les « fatigues qu'ils avaient déjà supportées… si récemment retirés de la vie terrible et belle… leurs voiles étaient molles encore du vent qui les avaient gonflées… leur beaupré s'inclinait… comme hier encore leur démarche… la courbure de leur coque semblait garder la grâce… de leur sillage »). En même temps, ils sont tendus vers l'avenir. On remarque les expressions qui équivalent à des futurs proches (« prêts à… qui restaient à… tôt ou tard… ils allaient se retremper demain »). On sent qu'on est à la jonction de deux périodes dans la dernière phrase : « si récemment retirés de la vie terrible et belle dans laquelle ils allaient se retremper demain… »). L'« instabilité » des bateaux, entre le passé et le futur, les place d'une certaine façon hors du temps : on remarque la valeur générale de certains présents du texte (« le passage qui les creuse … l'océan qu'ils dominent et où ils sont comme perdus »). De même, la référence à « l'antiquité » de leur route donne presque à leurs voyages une portée universelle : les navires, même au port, parlent de leurs traversées, et de celles de tous les temps.

II. La transfiguration.

1. L'harmonie.

C'est celle d'un « élan » contenu (*cf.* « leurs voiles étaient molles encore… leur beaupré s'inclinait obliquement sur l'eau… »), qui fascine le narrateur (« la courbure… semblait garder la grâce mystérieuse et flexible de leur sillage »), comme le montre le mot « grâce » qu'il emploie. La beauté provient aussi du caractère « frêle » de ces bateaux, qui n'exclut pas une construction élaborée (« la complication merveilleuse et savante des cordages… »).

2. La personnification des navires.

• On a d'abord une image, qui se prolonge pendant une partie du texte, celle de « nobles étrangers ». Comme eux, les navires sont de passage (*cf.* « l'auberge humide »), comme eux, ils sont « différents » (ils ne parlent pas la même langue) et conscients de leur supériorité (ils se distinguent de la foule, en « dédaignant la bassesse », ce dédain dont on trouvera un écho dans l'expression « une fierté triste »). Le narrateur leur attribue donc une vie intérieure, des sentiments variés, dominés cependant par une indifférence voulue.

• La destinée incertaine des bateaux leur confère presque une dimension humaine. Il est question des « fatigues qu'ils avaient déjà supportées », de leur situation ambiguë dans leur monde (« frêles et résistants… l'océan qu'ils dominent et où ils sont comme perdus… ») ; on pense presque irrésistiblement à la position de l'homme dans l'univers. Et ce rapprochement est confirmé par la comparaison explicite : « comme une intelligence précise et prévoyante plonge dans la destinée incertaine qui, tôt ou tard, la brisera ». Quand on sait que ce qui provoque cette comparaison, c'est la complexité des cordages, on voit que Proust pense sans aucun doute au cerveau humain. Les bateaux sont vus par l'œil d'un poète, et au travers de sa réflexion.

CONCLUSION

On a dans ce texte un exemple de la transformation que peut opérer un regard d'artiste. Ici, la description est fonction du monde intérieur de Proust, de sa fascination pour une certaine noblesse, et de son goût pour la « complication savante ».

ACADÉMIE DE REIMS

Dans ce chapitre des Misérables *(1862) intitulé « L'onde et l'ombre », V. Hugo médite sur le sort de son personnage, Jean Valjean, qui s'apprête à sortir du bagne où il a passé 19 ans. Il compare son personnage à un naufragé de la société.*

Un homme à la mer !

Qu'importe ! le navire ne s'arrête pas. Le vent souffle, ce sombre navire-là a une route qu'il est forcé de continuer. Il passe.

L'homme disparaît, puis reparaît, il plonge et remonte à la surface, il appelle, il tend les bras, on ne l'entend pas ; le navire, frissonnant sous l'ouragan, est tout à sa manœuvre, les matelots et les passagers ne voient même plus l'homme submergé ; sa misérable tête n'est qu'un point dans l'énormité des vagues.

Il jette des cris désespérés dans les profondeurs. Quel spectre que cette voile qui s'en va ! Il la regarde, il la regarde frénétiquement. Elle s'éloigne, elle blêmit, elle décroît. Il était là tout à l'heure, il était de l'équipage, il allait et venait sur le pont avec les autres, il avait sa part de respiration et de soleil, il était un vivant. Maintenant, que s'est-il donc passé ? Il a glissé, il est tombé, c'est fini.

Il est dans l'eau monstrueuse. Il n'a plus sous les pieds que de la fuite et de l'écroulement. Les flots déchirés et déchiquetés par le vent l'environnent hideusement, les roulis de l'abîme l'emportent, tous les haillons de l'eau s'agitent autour de sa tête, une populace de vagues crache sur lui, de confuses ouvertures le dévorent à demi ; chaque fois qu'il enfonce, il entrevoit des précipices pleins de nuit ; d'affreuses végétations inconnues le saisissent, lui nouent les pieds, le tirent à elles ; il sent qu'il devient abîme, il fait partie de l'écume, les flots se le jettent de l'un à l'autre, il boit l'amertume, l'océan lâche s'acharne à le noyer, l'énormité joue avec son agonie. Il semble que toute cette eau soit de la haine.

Il lutte pourtant.

Il essaie de se défendre, il essaie de se soutenir, il fait l'effort, il nage. Lui, cette pauvre force tout de suite épuisée, il combat l'inépuisable.

Où donc est le navire ? Là-bas. A peine visible dans les pâles ténèbres de l'horizon.

Vous ferez de ce texte un commentaire composé, organisé de façon à mettre en lumière l'intérêt que vous y découvrez.

Vous pourriez étudier, par exemple, la façon dont s'y développe et s'enrichit la métaphore ou bien analyser avec quelle force et par quels moyens s'y manifeste l'émotion. Mais vous êtes entièrement libre de votre choix.

Corrigé

REMARQUE

Ce chapitre (II, 8) fait suite à l'évocation du drame qui a conduit Jean Valjean au bagne, et des années pendant lesquelles il a purgé sa peine. Il constitue un développement tardif — puisqu'il date de la révision finale des *Misérables* — d'une des phrases de l'auteur, quelques pages auparavant : « Quelle minute funèbre que celle où la société s'éloigne et consomme l'irréparable abandon d'un être pensant ! » L'image même du naufrage était contenue dans ces lignes ; il était question des « heures redoutables... où la pénalité prononce un naufrage ».

PLAN DÉTAILLÉ

I. Un passage épique.

1. Les éléments déchaînés.

La scène est grandiose ; on voit se déchaîner le vent (« le vent souffle... frissonnant sous l'ouragan... les flots déchirés et déchiquetés par le vent ») et la mer (*cf.* l'accumulation des propositions dans le passage « les flots déchirés... les roulis... une populace de vagues », etc.). Le spectacle saisissant de la voile qui « blêmit », comme un spectre, se poursuit dans les derniers mots du passage, « les pâles ténèbres de l'horizon », dans lesquels on reconnaît le goût de Hugo pour l'antithèse.

2. La mer : une puissance mystérieuse.

Elle est de toute évidence personnifiée dans ce texte, comme on le verra (*cf.* les verbes « l'environnent... l'emportent », etc.). Mais il faut remarquer aussi le procédé qui en fait comme une force occulte : Hugo a recours sans arrêt à des abstractions pour la désigner (*cf.* « l'énormité des vagues... de la fuite et de l'écroulement... les roulis de l'abîme... des précipices pleins de nuit »). Ces mots abstraits sont souvent accolés à des verbes qui supposent une action concrète — ce qui est aussi un tour cher à Hugo — et qui donnent à la mer une dimension obscure (« de confuses ouvertures le dévorent... il boit l'amertume... l'énormité joue »). Il s'agit bien d'une « eau monstrueuse ».

II. Une page lyrique : grandeur et misère de l'homme.

On sent dans cette page toute la sensibilité de l'auteur qui semble vivre au rythme du combat du naufragé, en lui donnant la dimension d'une lutte contre la destinée.

1. Misère de l'homme.

« L'homme submergé » devient très vite simplement une « misérable tête », réduite à « un point dans l'énormité des vagues ». La fragilité de la destinée est sensible dans le passage si rapide de la vie à la mort. Hugo insiste sur ce qui faisait de l'homme « un vivant », et le contraste est brutal entre la longueur de cette phrase (« il était là tout à l'heure », etc.), et la brièveté de ce qui suit : « il a glissé, il est tombé, c'est fini ». On peut remarquer qu'au début du texte, le naufragé « agissait » encore : « il plonge et remonte à la surface, il appelle, il tend les bras... il jette des cris... il regarde » ; mais de cet homme qui était tout de même « sujet », la syntaxe fait ensuite un simple complément d'objet (cf. « l'emportent... l'environnent... le dévorent... le saisissent », etc.). Il perd même toute identité (« il devient abîme, il fait partie de l'écume »). Ainsi, le sort de cet homme en fait un être passif. On verra cependant son « sursaut » d'énergie à la fin du passage.

2. Grandeur.

• La disproportion est évidente entre « toute cette eau » et l'homme qui y est plongé. Le texte la souligne à plusieurs reprises (« un point dans l'énormité des vagues... des cris désespérés dans les profondeurs... cette pauvre force tout de suite épuisée combat l'inépuisable »).

• Malgré cette disproportion, l'homme lutte, comme l'indique dès le début du texte le rythme de la phrase « l'homme disparaît, puis reparaît », etc. ; chaque fois que sa perte est proche, il arrive à l'éviter (« plonge et remonte »), et on a ainsi l'impression de la continuité de ses efforts, malgré la situation. On peut noter aussi la force de la répétition « il la regarde, il la regarde frénétiquement ». Après un long paragraphe où on le croit perdu, survient une courte phrase, dont l'isolement accentue le relief : « il lutte pourtant ». Ces trois mots suffisent à replacer l'océan, qui se déchaînait dans les lignes précédentes, au rang de force aveugle : l'homme redevient sujet (de fait, il l'est, dans la phrase). Le paragraphe suivant développe cette lutte, en une suite de courtes propositions. La répétition de « il essaie » est pathétique ; les termes plutôt abstraits (« se défendre, se soutenir, il fait l'effort ») aboutissent dans la phrase à l'action concrète qui est le signe de la lutte poursuivie, action héroïque qui tient elle aussi en deux mots (« il nage »). Et cela s'achève sur cette expression de la grandeur de ce naufragé : « il combat l'inépuisable ». Malgré son malheur donc, l'homme s'affirme dans sa volonté. Cela ne servira à rien, puisqu'il sera écrasé tout de même.

III. Le symbole : la société et le paria.

1. Les éléments de comparaison.

On a pu dire que « chacun des termes qui nous décrivent le marin luttant inutilement contre les flots doit s'entendre de l'individu qui a perdu sa place dans la société, et que celle-ci engloutit peu à peu dans ses bas-fonds ». Plus précisément, la société est ici représentée par le navire, sur lequel il convient d'être embarqué (cf. « il était de l'équipage... avec les autres... il avait sa part ») pour vivre normalement ; la mer, elle, est le symbole de la perdition promise à ceux qui sont rejetés.

2. La cruauté de la société.

Le cri initial (« un homme à la mer ! ») est traditionnellement jeté dans ce genre d'accident. Il est en fait parfaitement inutile, comme le montre l'exclamation qui lui fait suite (« qu'importe ! »). Un homme perdu ne compte pas pour une société qui ne peut se permettre d'arrêter le cours des événements, de se détourner de son but (« le vent souffle, ce sombre navire-là a une route qu'il est forcé de continuer »). Toute la cruauté de cet abandon est dans la brièveté des deux mots « il passe », après l'énoncé des circonstances qui empêchent tout sauvetage. Le rythme est aussi déterminant dans la phrase suivante : aux nombreuses propositions qui expriment l'effort du matelot succède ce qui sonne comme sa condamnation : « on ne l'entend pas » ; c'est bref, mais sans appel. La société a ses occupations (« tout à sa manœuvre ») qui lui font oublier toute pitié, comme on le voit aussi dans le parallélisme pathétique des deux phrases « il la regarde... elle s'éloigne ». La répétition du « il » exprime l'angoisse, celle du « elle » l'indifférence.

On a dit que la mer était le symbole de la perdition : c'est elle en effet qui tuera le naufragé. On peut en même temps penser que sa cruauté est celle des hommes qui environnent celui qu'ils ont rejeté. Ils sont pleins de dérision (« l'environnement hideusement... les haillons de l'eau s'agitent autour de sa tête... une populace de vagues crache sur lui... »), vont jusqu'à supplicier le malheureux (« l'emportent... le dévorent... d'affreuses végétations le saisissent, lui nouent les pieds, le tirent à elles... les flots se le jettent »). Ils y trouvent même, apparemment, une sorte de plaisir (cf. le rythme haletant de tout le paragraphe, la suite précipitée de propositions presque symétriques, les mots « s'acharne », « joue »). Ces hommes n'ont pas de peine à agir ainsi, puisqu'ils sont en force ; on suppose donc leur lâcheté (« l'océan lâche »). L'ensemble de la société est dépeint à la fin du paragraphe : « il semble que toute cette eau soit de la haine ». Dans ces lignes, on peut aussi voir, en même temps que la dureté des hommes, toute l'horreur du sort nouveau du condamné (on peut employer ce mot, puisqu'il s'agit en fait ici de Jean Valjean). Nulle issue n'est possible dans cet écrasement de l'homme. Tout combat prend une dimension tragique, du fait de l'éloignement du navire (cf. la dernière phrase du texte, le « là-bas » qui exprime le point de vue du naufragé isolé). Cet homme est donc anéanti, en dépit de la grandeur qu'il a manifestée.

CONCLUSION

Dans ce livre qui veut « montrer l'ascension d'une âme », cette apparente digression (le naufragé ne paraît pas ici pouvoir échapper à son sort) n'est pas sans fondement. Victor Hugo lui-même désirait « à cette occasion peindre dans leur réalité tragique les bas-fonds d'où cette âme sort, afin que les sociétés humaines se rendent compte de l'enfer qu'elles ont à leur base ». Si la société est consciente de sa cruauté, elle pourra redonner leur chance à ceux qu'elle a condamnés et qui ne sont pas si méprisables, comme le montre ici la lutte contre la fatalité. Ce passage de réflexion est un exemple de la façon dont Hugo compense dans son roman la confusion de la matière par les interprétations très claires qu'il en donne. On peut enfin y voir, comme Baudelaire le disait du livre entier, « un poème, plutôt qu'un roman », où se mêlent « dans une indéfinissable fusion... le sens lyrique, le sens épique, le sens philosophique ».

ACADÉMIE DE RENNES

Nous sommes à Vienne, en 1679. Le prince de Bade donne une fête, et ses hôtes vont traverser la ville en cortège. Dans la nuit d'hiver, les Viennois attendent le passage des riches équipages...

Du fond de la nuit devenue plus noire on voit s'avancer des flambeaux. Leurs flammes s'affolent, vrillent l'obscurité de multiples tourbillons fous. On ne distingue pas encore les mains qui les brandissent. Mais l'impatience de voir ces cavaliers qu'annonce la rumeur esquisse déjà, devant les yeux dilatés par l'attente, le mirage tremblé de leurs contours.

Un homme qui surgit d'un porche obscur, une lanterne à la main, jette brusquement sur le mur une giclée d'ombres géantes.

La neige s'éclaire d'une lueur de nacre.

Ils arrivent. Ils passent.

Les pages brandissant les flambeaux comme des oriflammes et leurs coursiers fougueux coiffés d'aigrettes et de plumes.

Derrière eux s'élance un cheval blanc. A sa martingale [1] sont fixés de gigantesques bois de cerf qu'embrume le panache clair de son souffle. Le traîneau qu'il emporte semble à peine effleurer le sol. Et dans la mousse de fourrure débordant sur la coque, vogue un visage blanc qu'encadre une perruque. A l'arrière, sur une mince plateforme, se découpe la silhouette d'un cocher qui tient à bout de bras, au-dessus de la tête immobile, des rênes cloutées d'or.

Et la nuit se referme derrière eux comme une eau.

L'éblouissement de la vision a jeté un sable qui se dépose doucement au fond des yeux, tout pailleté de débris précieux ; restent incisés sur les rétines le ramage d'un brocart, le galon d'argent d'une livrée, une bride cloutée de pierres de Bohême, ou sous une botte qui miroite, le filigrane d'or d'un étrier.

Un clignotement encore et tout s'éteint.

Christiane Singer, La mort viennoise (1978).

Vous ferez de ce texte un commentaire composé. Vous pourrez notamment étudier par quels moyens (images, construction des phrases, effets plastiques, etc.), l'auteur parvient à restituer « l'éblouissement de la vision ». (Ces indications ne sont pas contraignantes.)

Corrigé

INDICATIONS

On notera que ce texte est bâti à base de contrastes, entre l'attente immobile et le mouvement soudain, la lumière vive et la nuit. La rapidité de la vision la fait ressembler à un rêve.

---

1. Martingale : courroie qui empêche le cheval de donner de la tête.

ACADÉMIE DE ROUEN

Dès que je fus arrivé à la route, ce fut un éblouissement. Là où je n'avais vu, avec ma grand-mère, au mois d'août, que les feuilles et comme l'emplacement des pommiers, à perte de vue ils étaient en pleine floraison, d'un luxe inouï, les pieds dans la boue et en toilette de bal, ne prenant pas de précautions pour ne pas gâter le plus merveilleux satin rose qu'on eût jamais vu et que faisait briller le soleil ; l'horizon lointain de la mer fournissait aux pommiers comme un arrière-plan d'estampe japonaise ; si je levais la tête pour regarder le ciel entre les fleurs, qui faisaient paraître son bleu rasséréné, presque violent, elles semblaient s'écarter pour montrer la profondeur de ce paradis. Sous cet azur, une brise légère mais timide faisait trembler légèrement les bouquets rougissants. Des mésanges bleues venaient se poser sur les branches et sautaient entre les fleurs, indulgentes, comme si c'eût été un amateur d'exotisme et de couleurs qui avait artificiellement créé cette beauté vivante. Mais elle touchait jusqu'aux larmes parce que, si loin qu'elle allât dans ses effets d'art raffiné, on sentait qu'elle était naturelle, que ces pommiers étaient là en pleine campagne, comme des paysans sur une grande route de France. Puis aux rayons du soleil succédèrent subitement ceux de la pluie ; ils zébrèrent tout l'horizon, enserrèrent la file des pommiers dans leur réseau gris. Mais ceux-ci continuaient à dresser leur beauté, fleurie et rose, dans le vent devenu glacial sous l'averse qui tombait : c'était une journée de printemps.

Marcel Proust, *Sodome et Gomorrhe II.*

Vous ferez de ce texte un commentaire composé, en étudiant par exemple l'émotion ressentie par le narrateur et les rapports qu'entretiennent ici l'art et la nature.

Ces indications ne sont pas contraignantes et vous avez toute latitude pour orienter votre lecture à votre gré. Vous vous abstiendrez seulement de présenter un commentaire linéaire ou une division artificielle entre fond et forme.

Corrigé
PLAN DÉTAILLÉ

I. Le regard d'un artiste sur le paysage.

1. Un tableau.

• Il faudrait plutôt parler d'une succession de tableaux, dans ce texte qui n'est pas économe de références à la peinture : les pommiers sont d'abord vus sur fond de mer, et le tableau qu'ils forment est décrit avec minutie (*cf.* les détails que constituent les bouquets, les mésanges, etc.). Puis c'est une autre peinture, celle des pommiers roses « dans un réseau gris ».

• Les notations de couleurs sont abondantes : le « satin rose », le bleu, l'azur du ciel, les « bouquets rougissants », la couleur des mésanges, la « beauté rose » dans le « réseau gris ».

• On relève même des termes techniques, du domaine de la peinture :
« l'arrière-plan », « l'estampe japonaise » qui sert de référence
picturale.

2. La transfiguration poétique.

• On note essentiellement la personnification des arbres, qui suppose un
regard de poète sur la nature : les pommiers sont assimilés à des femmes
« en toilette de bal ». Les précisions (le luxe, le satin rose, l'absence sup-
posée de précautions) nourrissent la comparaison. Par ailleurs, ils sont
« comme des paysans sur une grande route de France ». Il faut remarquer aussi l'image qui est contenue dans l'expression « les rayons de la
pluie ».

3. L'art et la nature.

• L'artifice est sensible dans ce tableau de la nature : de nombreuses
expressions donnent à penser que celle-ci se compose un visage : l'horizon « fournissait un arrière-plan », les fleurs « faisaient paraître » le
bleu du ciel, elles s'écartent « pour montrer »... Les mésanges arrivent à
point pour compléter le tableau... Plus tard, les pommiers « dressent leur
beauté ».

• L'auteur lui-même insiste sur les rapports qu'entretiennent l'art et la
nature dans cette vision des pommiers : les mésanges paraissent être
créées de toutes pièces par un « amateur d'exotisme et de couleurs » — le
mot « artificiellement » est même prononcé. Cette campagne témoigne
par ailleurs « d'effets d'art raffiné ».

II. La vie de la nature.

1. Le réel.

Tous les éléments de ce qui paraît être un tableau sont bien réels ; il
s'agit d'un champ d'arbres en fleurs, et la description n'a rien d'irréel (la
mer, le ciel, la brise, des oiseaux...). Les détails plus prosaïques ne sont
pas évités (la boue, le vent glacial). On a même, à la fin du passage, une
explication météorologique du changement.

2. Un spectacle en mouvement.

Si c'est un spectacle, il n'est pas figé comme le serait un tableau.

• La scène, qui se passe au printemps, invite à une comparaison avec ce
qu'on voyait en été (cf. le début du texte). D'autre part, le changement de
temps présente de la réalité des faces diverses.

• Tout mouvement n'est pas absent de cette « peinture » : les bouquets
tremblent, les mésanges sautent, les rayons de la pluie tissent un
« réseau »...

3. Une « beauté vivante ».

Ce sont les termes mêmes employés par Proust, qui s'étonne du paradoxe qu'il constate : l'irréel est pourtant bien réel. La comparaison des
pommiers avec les paysans est insistante (« on sentait qu'elle était naturelle »), et en même temps chargée d'une certaine émotion lyrique. Cette
émotion est perceptible à plusieurs endroits du texte (« ce fut un éblouissement... le plus merveilleux satin... elle touchait jusqu'aux larmes »).
Elle donne à la description un caractère plus vivant, en l'imprégnant de la
sensibilité de l'auteur.

CONCLUSION

Ce texte est caractéristique de la manière de Proust, qui réussit souvent
à assurer un éclat poétique à la trame d'un récit, ou à une description. Ici,

le prosateur cherche à rendre contagieuse l'exaltation du héros devant un simple paysage. Par le recours à l'art dans la vision de la nature, et par le rapprochement entre ces deux ordres de réalité, il réussit à saisir et à communiquer ses « impressions véritables », ce qui est un des buts de la *Recherche du Temps perdu*.

ACADÉMIE DE STRASBOURG

La scène se situe aux environs de Paris, dans le parc de Saint-Cloud, durant la guerre de 1914-1918. Le narrateur, jeune soldat qui vient d'être blessé et se trouve en convalescence, se promène avec son amie Lola...

L'immense éventail de verdure du parc se déploie au-dessus des grilles. Ces arbres ont la douce ampleur et la force des grands rêves. Seulement des arbres, je m'en méfiais aussi depuis que j'étais passé par leurs embuscades. Un mort derrière chaque arbre. La grande allée montait entre deux rangées roses vers les fontaines. A côté du kiosque, la vieille dame aux sodas semblait lentement rassembler toutes les ombres du soir autour de sa jupe. Plus loin dans les chemins de côté flottaient les grands cubes et rectangles tendus de toile sombre, les baraques d'une fête que la guerre avait surprise là, et comblée soudain de silence.

— C'est voilà un an qu'ils sont partis déjà ! nous rappelait la vieille aux sodas. A présent, il n'y passe pas deux personnes par jour ici... J'y viens encore, moi, par l'habitude... On voyait tant de monde par ici !...

Elle n'avait rien compris la vieille au reste de ce qui s'était passé, rien que cela. Lola voulut que nous passions auprès de ces tentes vides, une drôle d'envie triste qu'elle avait.

Nous en comptâmes une vingtaine, des longues garnies de glaces, des petites, bien plus nombreuses, des confiseries foraines, des loteries, un petit théâtre même, tout traversé de courants d'air ; entre chaque arbre il y en avait, partout, des baraques, l'une d'elles, vers la grande allée, n'avait même plus ses rideaux, éventée comme un vieux mystère.

Elles penchaient déjà vers les feuilles et la boue les tentes. Nous nous arrêtâmes auprès de la dernière (...) ; c'était la baraque d'un tir : le Stand des Nations qu'il s'appelait. (...)

Comme les petites cibles dans la boutique en avaient reçu des balles ! Toutes criblées de petits points blancs ! Une noce pour la rigolade que ça représentait : au premier rang, en zinc, la mariée avec ses fleurs, le cousin, le militaire, le promis, avec une grosse gueule rouge, et puis au deuxième rang des invités encore, qu'on avait dû tuer bien des fois quand elle marchait encore la fête.

L.F. Céline, *Voyage au bout de la nuit*.

Vous ferez de ce texte un commentaire composé ; vous pourrez montrer, par exemple, comment, à travers la vision de la guerre et de ses conséquences, et l'image symbolique des baraques foraines, l'auteur met en évidence le caractère tragique de l'existence humaine.

Corrigé

INDICATIONS

Un homme marqué par la guerre retrouve ce parc qui était le cadre de loisirs ; seulement tout cela n'a plus de sens ; c'est devenu un simple décor de théâtre, où la vie est représentée par une vieille un peu perdue, et par des personnages dérisoires qui servaient de cibles, dans le passé (on a l'impression que le jeu est devenu réalité). La « fête » semble symboliser la vie en temps de paix, et ici elle n'existe plus que par de piètres reliques.

ACADÉMIE DE TOULOUSE

DOUCEUR DU SOIR !...
Douceur du soir ! Douceur de la chambre sans lampe !
Le crépuscule est doux comme une bonne mort
Et l'ombre lentement qui s'insinue et rampe
Se déroule en fumée au plafond. Tout s'endort.

Comme une bonne mort sourit le crépuscule
Et dans le miroir terne, en un geste d'adieu,
Il semble doucement que soi-même on recule,
Qu'on s'en aille plus pâle et qu'on y meure un peu.

Des tableaux appendus aux murs, dans la mémoire
Où sont les souvenirs en leurs cadres déteints,
Paysage de l'âme et paysages peints,
On croit sentir tomber comme une neige noire.

Douceur du soir ! Douceur qui fait qu'on s'habitue
A la sourdine [1], aux sons de viole assoupis ;
L'amant entend songer l'amante qui s'est tue
Et leurs yeux sont ensemble aux dessins du tapis.

Et langoureusement la clarté se retire ;
Douceur ! Ne plus se voir distincts ! N'être plus qu'un !
Silence ! deux senteurs en un même parfum :
Penser la même chose et ne pas se le dire.

Georges Rodenbach, *Le Règne du Silence* (1891).

1. Sourdine : au sens littéral désigne un dispositif adaptable à un instrument à vent ou à cordes pour en amortir le son.

Vous ferez de ce poème un commentaire composé. Vous pourriez en dégager la composition et étudier les moyens d'expression par lesquels le poète a créé une impression d'intimité et d'harmonie.

Corrigé

INDICATIONS

Ce poème semble d'abord essentiellement consacré à la description d'un cadre (la « chambre sans lampe »). Mais on s'aperçoit que celui-ci est en harmonie avec les sentiments humains. On notera l'allure tranquille de ces vers (*cf.* les répétitions de « douceur ! »), et le caractère flou, imprécis, de l'ensemble.

TROISIÈME SUJET
ESSAI LITTÉRAIRE

QUELQUES CONSEILS

Les instructions officielles

Le troisième sujet ouvre, dans le domaine littéraire, une large place à l'initiative. Sans viser de manière exclusive un ouvrage ou un auteur déterminé, sans avoir pour objet un contrôle strict des connaissances, il prend appui sur les grandes œuvres que les candidats connaissent par leurs études ou par leurs propres lectures. Loin de faire servir ces œuvres à l'illustration de « questions de cours » ou d'ambitieux débats critiques, il fait appel, à propos d'une question simple, aux réactions authentiques que les candidats ont éprouvées au contact de pages dont ils ont gardé un vif souvenir et sur lesquelles ils sont invités à motiver à leur gré un sentiment sincère, révélateur de leur personnalité, de leur culture, de leur jugement, de leur goût.

Comment les appliquer ?

Le troisième sujet proposé au choix des candidats traite de problèmes généraux d'esthétique et ne repose pas sur un programme déterminé. Il faut donc, et c'est la difficulté de ce type de devoir, traiter d'amples sujets avec fermeté et précision. Pour cela, une bonne culture générale est nécessaire. Vous devez, plus que jamais, exploiter vos lectures de l'année.

Votre réflexion doit en effet prendre appui sur des exemples précis. Veillez à ne pas les multiplier, mais à bien commenter ceux que vous utilisez.

LA MÉTHODE DE TRAVAIL

Lisez attentivement la question ou la phrase qui vous sont soumises. Analysez-en soigneusement les termes. Si c'est une citation, prêtez attention à son auteur. Souvent, c'est un moyen de mieux comprendre toutes les implications de la définition donnée, ou du problème posé.

Mobilisez vos idées et vos exemples au fur et à mesure que vous lisez et relisez le libellé du sujet. Surtout, ne soyez pas économes ; aérez au maximum vos remarques, ce qui vous permettra un classement plus facile par la suite.

Regroupez-les dans un ordre logique, autour de quelques idées directrices, afin de parvenir à l'établissement d'un plan.

Vous pouvez alors rédiger votre introduction (et votre conclusion) avant de passer au corps du devoir.

ACADÉMIE D'AIX-MARSEILLE

Baudelaire écrit dans *Fusées* :

« J'ai trouvé la définition du Beau, — de mon Beau. C'est quelque chose d'ardent et de triste [...]. Je ne prétends pas que la joie ne puisse pas s'associer avec la Beauté, mais je dis que la joie en est un des ornements les plus vulgaires. »

En ayant soin d'appuyer votre argumentation sur des exemples précis empruntés aux œuvres littéraires que vous connaissez (et, si vous le jugez bon, à d'autres formes de l'expression artistique) vous direz si vous souscrivez à cette conception de la beauté ou si elle vous paraît caractéristique d'un auteur et d'une époque.

Corrigé

INDICATIONS

Se reporter au corrigé du troisième sujet de l'académie de Nice.

On distinguera toutefois la déclaration de Baudelaire du vers de Musset. Elle renvoie en effet à l'esthétique de cet auteur, plus subtile peut-être que celle que laisse supposer la prise de position de Musset. Quand on situe la phrase de *Fusées* dans tout un ensemble, on s'aperçoit que la critique de la joie comme source d'art ne vaut pas pour toutes les époques : dans son article sur Banville, Baudelaire procède à une apologie d'un lyrisme inséparable de la joie. Selon lui, les circonstances du XIXe siècle ont entraîné pour l'art la nécessité de recourir à « la Mélancolie » ; Malheur et Modernité sont liés... D'autre part, si la douleur est une « noblesse unique », c'est que, contrairement à la joie, elle conduit à un art « concentré » ; l'épanouissement de la joie peut faire oublier les nécessaires contraintes de la création. La douleur, elle, est « la meilleure et la plus pure Essence ». On insistera donc sur les façons dont la joie peut éviter ce risque de « vulgarité », en constatant d'ailleurs que la tristesse considérée comme source de l'art est exposée au même inconvénient, si elle est cultivée avec trop de complaisance.

ACADÉMIE D'AMIENS

Bertrand Poirot-Delpech, critique littéraire du journal *Le Monde*, écrit :

« La littérature, en France, c'est l'élite s'adressant à l'élite ; il n'y a pas à sortir de là. »

André Malraux préconisait pour sa part « de rendre accessible au plus grand nombre les œuvres capitales de l'humanité ».

Vous confronterez ces deux positions contradictoires et, en prenant appui sur des œuvres que vous connaissez bien, vous développerez votre propre opinion.

INDICATIONS

Se reporter au corrigé du troisième sujet de l'académie de Montpellier. On remarquera toutefois que, dans le sujet de Montpellier, il s'agit uniquement des rapports entre auteurs et lecteurs, alors que la question posée à Amiens est plus générale, et non dépourvue d'une certaine ambiguïté. La phrase de Bertrand Poirot-Delpech paraît en effet se situer sur le même plan que celle de Musset (des écrivains s'adressent à des lecteurs) ; mais celle de Malraux pose, semble-t-il, un problème plus vaste : celui de la vulgarisation de la culture, présentée au public par certains intermédiaires. On en retiendra l'opposition entre des œuvres « populaires » et des œuvres réservées à une élite, en se demandant à quelle catégorie d'auditoire la littérature doit finalement s'adresser, et en montrant que l'idéal serait de concilier un souci de qualité et la prise en considération d'un large public, pour éviter les écueils de l'une et l'autre attitude — ce qui se rapproche du jugement de Musset. Le « plus grand nombre » a droit aux « œuvres capitales de l'humanité », à condition que leur vulgarisation ne soit pas synonyme de dévalorisation.

ACADÉMIE DE BESANÇON

Le théâtre n'est pas le pays du réel ; il y a des arbres de carton, des palais de toile, un ciel de haillons, des diamants de verre, de l'or de clinquant, du fard sur la pêche, du rouge sur la joue, un soleil qui sort de dessous terre.

C'est le pays du vrai : il y a des cœurs humains sur la scène, des cœurs humains dans la coulisse, des cœurs humains dans la salle.

Victor Hugo, *Post-Scriptum de ma vie.*

Vous expliquerez et commenterez cette double affirmation. Vous pourriez, par exemple, montrer que, sous la forme d'un apparent paradoxe, elle reflète la dualité de l'univers théâtral.

Corrigé

INDICATIONS

On s'interrogera d'abord sur ce qui sépare le « réel » du « vrai ». La notion de réel renvoie au quotidien, aux faits historiques, uniques, qu'il est impossible de reproduire ; et Hugo souligne d'abord que le théâtre ne peut parvenir à ce genre de « réalité », étant par essence convention. On pourra ensuite définir, par opposition, ce qu'il entend par « le pays du vrai ».

I. Le théâtre n'est pas le pays du réel.

Les sujets qu'il traite, quels qu'ils soient, sont en décalage par rapport à la réalité. Certains sont légendaires *(Phèdre, Antigone)*, et ceux-mêmes qui se veulent historiques sont en fait très loin de l'histoire réelle (cf. *L'Alouette,* d'Anouilh, pièce qui ne donnera à croire à personne qu'elle est la reproduction de l'aventure de Jeanne d'Arc et de son procès). Dans les pièces dont l'intérêt est psychologique, l'auteur présente souvent une société de fantaisie, où, par exemple, maîtres et valets sont facilement interchangeables (Marivaux).

Le langage théâtral établit une barrière entre la réalité et ce qui se passe sur scène, qu'il s'agisse de tragédies classiques en alexandrins, de drames hugoliens en vers, de versets dans les pièces de Claudel... On pense aussi à la subtilité et à la poésie de certains passages du théâtre de Giraudoux... Il ne faut pas non plus négliger le fait que, contrairement à ce qui se passe dans la réalité, sur scène, il y a toujours quelqu'un qui parle, le silence n'existe pas ; d'autres fois, toute parole est invraisemblable (*cf.* les apartés). Jamais au théâtre, le langage n'est celui de la vie.

Il convient aussi de développer l'aspect sur lequel insiste ici Hugo, celui des conventions théâtrales. Les règles classiques en sont le cas extrême. Mais dans toute pièce, tout est convention : les feux de la rampe (les trois coups, le rideau, les lumières...), l'existence des coulisses, le décor, les costumes (*cf.* la deuxième partie du devoir de l'académie de Bordeaux), la durée même du spectacle, sans rapport avec la durée du réel (en deux heures et demi, Rodrigue tue Don Gormas, écrase les Maures, etc.). L'aspect d'artifice dont parle Hugo est outré dans les pièces « à machines »... Quoi qu'il en soit, il est toujours une composante essentielle du théâtre.

II. C'est le pays du vrai.

Le « vrai » serait ici tout ce qui au théâtre, malgré les artifices déployés, rend un son d'authenticité (*cf.* l'expression « des cœurs humains »). Car la règle classique de la vraisemblance (*cf.* Boileau : « Jamais au spectateur n'offrez rien d'incroyable ») vaut pour toutes les pièces. Le théâtre peut mettre en œuvre des sentiments vrais, présenter des situations qui ont une logique interne.

Ainsi, malgré tout son aspect de fantaisie, le théâtre procède à une peinture « des cœurs humains sur la scène ». Molière aborde les problèmes que posent différents défauts inhérents à la nature humaine (avarice, hypocrisie, vanité, etc.), et cela touche les spectateurs (*cf.* l'expression « des cœurs humains dans la salle ») parce qu'ils y retrouvent quelque chose de leur expérience. Dans certaines pièces, l'impression de vérité psychologique est obtenue par la complexité des sentiments : la passion principale peut s'accompagner d'autres traits (Harpagon est avare et amoureux, Armande, dans *Les Femmes Savantes,* est une précieuse qui critique le mariage, mais cherche à obtenir la main de Clitandre, Dom Juan est cynique et odieux, mais parfois sympathique... Chez Marivaux, les personnages sont souvent partagés entre l'amour et l'amour-propre...). Le théâtre de Giraudoux, « artificiel » parfois par sa subtilité, intéresse le spectateur en ce qu'il présente des personnages bien humains en dépit de tout (*cf.* Alcmène dans *Amphitryon 38*). Malgré donc la stylisation du réel liée aux conventions théâtrales, le théâtre peut atteindre une forme de « vrai », puisqu'il présente sur scène « des cœurs humains ». Il faudrait aborder ici le phénomène de la « communion » entre auteur, acteurs et spectateurs, que cette communion résulte d'un envoûtement (*cf.*, à l'extrême, la réaction de Madame Bovary dans le texte proposé dans l'académie de Besançon, deuxième sujet) ou d'une participation entraînée par un regard critique (*cf.* le sujet donné dans l'académie de Bordeaux, ci-dessous). Quand Brecht en effet veut obtenir un effet de « distanciation », il est toujours dans « le pays du vrai », et doit tenir compte du fait qu'il s'adresse à « des cœurs humains dans la salle ».

La double affirmation de Hugo exprime bien en effet la dualité du théâtre : si celui-ci se contentait de « [ne pas être] le pays du réel », on n'y verrait que les arbres de carton ; c'est, de façon schématique, la tendance à laquelle répondent les pièces de la Commedia dell'arte, ou Guignol. Mais s'il n'était que « le pays du vrai », on ne voit pas pourquoi il serait représenté, la lecture des pièces pouvant suffire à la connaissance de « cœurs humains ». Encore y manquerait-il cependant cette communion entre « cœurs humains » qui ajoute à sa vérité...

ACADÉMIE DE BORDEAUX

En prenant appui sur les pièces de théâtre que vous avez lues, étudiées ou vu jouer, dites ce que vous pensez des remarques suivantes d'un directeur de théâtre contemporain :

« Notre volonté est de mettre sur scène la société, la présenter et provoquer vis-à-vis d'elle des regards critiques. C'est une fonction du théâtre. Elle n'est pas nouvelle. Molière, et bien avant lui, Sophocle [1] l'avaient ainsi comprise. Mais dans le même temps, le théâtre doit être un lieu où se libèrent les forces de l'imagination, où s'organise le rêve. Ces deux fonctions ne sont pas contradictoires. »

Corrigé

PLAN DÉTAILLÉ

I. Un regard sur la société.

Toute « présentation » de la société suppose une vision particulière, souvent critique. Les auteurs de théâtre ne se font pas faute d'aborder :

1. Des problèmes moraux.

Déjà, le théâtre grec avait des préoccupations en rapport avec la morale. Il avait à cœur de condamner l'« hybris », la démesure qui pousse l'homme à empiéter sur les pouvoirs divins ; les Perses par exemple, dans la pièce d'Eschyle du même nom, avaient cédé à un esprit de conquête excessif. Sophocle présente une Antigone qui préfère la loi naturelle à la loi de la cité... Le théâtre classique envisage de grands pro-

---

1. Sophocle : auteur de tragédies grecques (495-406 avant J.-C.).

blèmes moraux, tels que, dans le cas de Molière par exemple, la sincérité de la dévotion *(Tartuffe)*, l'amour et le mariage *(Le Bourgeois Gentil-homme, L'Avare)*, l'éducation des filles *(L'École des Femmes)*. On connaît la devise attribuée à la comédie (« castigat ridendo mores »), et on sait que la tragédie, si elle ne vise pas explicitement à « corriger » les mœurs, n'en présente pas moins des cas de conscience (*cf.* Corneille) ou des exemples de drames intérieurs (*cf.* Racine), les uns et les autres liés à des considérations morales.

2. Des problèmes politiques et sociaux.

Ils constituent parfois la matière même de la pièce, ou sont évoqués à l'occasion. Aristophane prône le pacifisme dans *La Paix,* Corneille expose sa conception du pouvoir dans *Cinna,* Beaumarchais décoche de temps en temps des traits contre la justice, la censure, les mœurs politiques... Marivaux s'intéresse à l'inégalité sociale dans *L'Ile des Esclaves,* Hugo s'en prend à l'absolutisme dans certains de ses drames... Ionesco rappelle le danger des hystéries collectives dans *Rhinocéros...*

3. Les dangers de cette conception.

Il ne suffit pas de « provoquer des regards critiques » vis-à-vis de la société pour faire du bon théâtre ; il y a loin d'un ouvrage de critique morale ou d'un pamphlet à une pièce. A force de vouloir que le théâtre remplace la chaire et les prédicateurs (comme le souhaitait Voltaire), le drame bourgeois du XVIIIᵉ siècle ennuie, ou fait sourire par la psychologie souvent sommaire qu'il met en œuvre. On pourrait aussi étudier le peu de succès des pièces à thèse de la fin du XIXᵉ siècle.

Par ailleurs, pour « mettre en scène la société », les auteurs peuvent être tentés par une imitation servile du réel, l'exactitude de la reproduction étant un critère de qualité. On pense aux spectacles d'Antoine qui, au début de ce siècle, cherchaient à reproduire minutieusement la réalité, quitte à apporter des quartiers de bœuf sur scène. Il est permis de souhaiter dans ce cas que le théâtre retrouve son « autre fonction », dont parle ce directeur de théâtre contemporain.

II. Un lieu de rêve.

1. Le monde intérieur de l'auteur.

Sur scène, on peut penser que « se libèrent les forces de l'imagination » de l'auteur, sa vision du monde, celle-ci étant considérée de manière très générale, bien au-delà du simple regard critique. Ainsi, on lira la réalité à la lumière de la soif de gloire qui apparaît chez Corneille, du pessimisme de Racine, de la volonté de puissance de Hugo (*cf.* dans *Hernani,* des affirmations comme « Je suis une force qui va »), ou de l'austère idéal de Montherlant (cf. *Le Maître de Santiago*).

2. Un envoûtement collectif.

C'est surtout sans doute à ce phénomène que fait allusion la phrase citée. Il se produit grâce à plusieurs facteurs :

• Le décor : retrouvant la tradition antique, Baudelaire souhaite : « Je voudrais que les comédiens fussent montés sur des patins très hauts, portassent des masques plus expressifs que les visages humains, et parlassent à travers des porte-voix. » C'est là bien marquer que le théâtre est un monde à part. Le décor est artificiel, et il vise à créer pour le spectateur une réalité « autre », soit par la profusion de ses détails, soit par son dépouillement. Ainsi, le théâtre du Moyen Age, le théâtre élisabéthain, ou celui du siècle d'or espagnol, n'accumulent pas les éléments de décor ;

ils demandent au public un effort d'imagination qui transporte ce dernier « ailleurs ».

• Une atmosphère de fête : c'est quelquefois le sujet lui-même, et la façon dont il est traité, qui font qu'une pièce parvient à créer une telle atmosphère. Beaumarchais par exemple, donnait un sous-titre au *Mariage de Figaro :* « La folle journée. » Et la représentation en est bien empreinte de « folie » : les scènes se succèdent avec une rapidité étonnante, les actions sont vives, les retournements subits ; il y a tout un jeu d'ombre et de lumière ; enfin, dans un vaudeville final, « tout finit par des chansons ». L'atmosphère joyeuse peut en effet être obtenue par le recours à la danse ou à la musique, comme dans certains « divertissements royaux » de Molière (*Le Bourgeois Gentilhomme,* comédie-ballet écrite en collaboration avec Lulli, *Psyché,* tragédie-ballet « à machines »…). On est assez sensible à notre époque à cet aspect de fête, et un auteur aussi sérieux que Claudel pouvait souhaiter que *Le Soulier de Satin* soit joué « un jour de Mardi-Gras à quatre heures de l'après-midi ». La profusion des péripéties dans ce drame est voulue : « il faut que tout ait l'air provisoire, en marche… improvisé dans l'enthousiasme ! ».

• Des éléments irrationnels : la notion de l'« irréalité » de ce qui se passe sur scène favorise l'irruption de faits étranges, comme l'arrivée de la statue du Commandeur à la fin du *Dom Juan* de Molière, le retour périodique du spectre dans *Intermezzo* de Giraudoux, ou le continuel changement de taille des Euménides dans *Electre,* du même auteur… sans parler de la métamorphose des habitants de toute une ville en rhinocéros, dans la pièce de Ionesco. Au théâtre, on ne s'étonne plus de rien, et on est séduit par une atmosphère d'étrangeté (*cf.* celle qui baigne *Les Burgraves,* de Hugo).

Si donc on ne peut nier que, par certains aspects, le théâtre « doit être un lieu où se libèrent les forces de l'imagination, où s'organise le rêve », il ne faut pas pour autant négliger le risque que cela comporte : un théâtre qui voudrait être totalement « à part » se couperait du réel, et n'intéresserait plus les spectateurs, qui veulent y retrouver quelque chose de leur expérience humaine.

CONCLUSION

Les œuvres dramatiques sont-elles irrémédiablement partagées entre la reproduction de la réalité, et ce que Mallarmé, parlant du théâtre, appelait « l'ouverture de la gueule de la chimère, méconnue et frustrée par l'arrangement social » ? Ce directeur de troupe ne le pense pas ; en effet, on ne peut se satisfaire ni d'œuvres qui fassent uniquement réfléchir, ni d'un théâtre qui soit seulement lieu de rêve. Certains souhaiteront que le rêve, l'aspect « chimérique » se mettent au service d'une révélation, de quelque ordre qu'elle soit. L'essentiel est sans doute de constater que « le théâtre est un art essentiellement de conventions », et qu'on apprécie avant tout en lui le spectacle qu'il nous offre, que celui-ci soit occasion de réflexion ou d'« envoûtement ».

ACADÉMIE DE CAEN

Aimez-vous les contes ?

Corrigé

INDICATIONS

La réponse à cette question doit évidemment revêtir un caractère personnel... Notons cependant quelques éléments qui peuvent déterminer son orientation. Certains lecteurs peuvent être irrités par l'aspect naïf des contes ; si on en fait de nos jours une littérature pour enfants, c'est que souvent le matériel en est « infantile » : les schémas sont simples, les coups de théâtre, les coïncidences, donnent à ce genre un caractère totalement invraisemblable ; en outre, souvent, les aventures paraissent un peu édulcorées (c'est toujours la belle et bonne bergère qui finit par être heureuse en épousant un prince par exemple). Mais d'autres rétorqueront que c'est justement ce merveilleux qui leur plaît. Ce qui est raconté touche souvent à la vie courante, au moins au départ. On n'est pas dans un monde fantastique. Simplement, c'est un univers où tout se passe comme il le faut, où le méchant est puni, et le bon récompensé, où on peut voir se réaliser des désirs éternels de l'homme (voler dans les airs, se métamorphoser, vivre toujours...). Les êtres surnaturels, surtout dans les contes français, gardent quelque chose de l'homme (ogres, diables et fées). On a l'impression que la vie quotidienne entre dans le merveilleux, par le biais d'une simple transposition, qui n'en garde pas moins un ton familier.

Il faut remarquer toutefois qu'on peut difficilement répondre à cette question. Malgré la vogue actuelle de ce genre de littérature, on ne la connaît que très peu. Les contes qui nous ont été transmis ont été souvent « expurgés »... Ayant fait longtemps partie d'une culture orale vivante, ils sont de nos jours davantage objet d'études ou de curiosité. On remarque cependant un regain de l'intérêt qu'on leur porte, lié au goût pour le folklore.

ACADÉMIE DE CLERMONT

Répondant à la question : « Que peut la littérature ? », l'écrivain Yves Berger affirmait lors d'un débat :

« La littérature et la vie ne font pas bon ménage : comment le pourraient-elles alors que la première tourne le dos à l'autre ?... Pour moi, tous les livres, même les plus noirs, sont des livres paradisiaques. Des livres hors la vie, où rêver... »

Croyez-vous à un tel divorce entre la littérature et la vie ?

Votre réflexion devra s'appuyer sur des exemples précis.

Débat organisé, à la Mutualité, par l'équipe du journal *Clarté* (1964), transcrit et publié en collection 10/18, sous le titre *Que peut la littérature ?* Intervention d'Yves Berger, pages 99 et 100.

Corrigé

INDICATIONS

On remarquera d'abord qu'il y a des cas où la littérature se donne pour mission d'imiter la vie — elle le fait toujours d'une façon ou d'une autre (*cf.* dans le troisième sujet donné à Rennes, la première partie). Mais l'œuvre d'art est toujours mensonge (*cf.* Rennes). Son agrément réside dans sa beauté (« des livres hors la vie, où rêver »). Se référer au troisième sujet de l'académie de Poitiers : la lecture est un plaisir (même donc s'il s'agit de livres « noirs »), si elle se tourne vers des ouvrages de qualité.

ACADÉMIE DE DIJON

Essai littéraire :
La littérature et les autres arts ont toujours traité avec une particulière faveur le thème du monstre : être fabuleux, créature de cauchemar, personnage infernal, homme ou femme au comportement insolite et terrifiant.

Sans dresser un répertoire de ces créations, et donc en évitant toute énumération fastidieuse, vous essaierez d'expliquer, à partir d'exemples précis que vous analyserez soigneusement, l'espèce de fascination qu'exerce ce thème sur la personnalité du lecteur ou du spectateur, et même, si cet aspect vous intéresse, sur l'imagination du créateur.

Corrigé

INDICATIONS

Le thème du monstre est fréquemment utilisé, depuis l'Antiquité. On peut remarquer qu'avant tout, il s'agissait alors d'un « être fantastique des mythologies et des légendes » (Dictionnaire Robert). Des descriptions horribles en font des créatures redoutées. On évoquera, par exemple, Cerbère gardant l'entrée des Enfers, le Léviathan dans la Bible, être cruel et invincible, au Moyen Age les diverses représentations du diable, le loup-garou, les monstres qui ornent chapiteaux et gargouilles dans de nombreux édifices... Dans ces exemples, on peut dire que de telles créations répondent à des craintes primordiales de l'homme, celle de l'au-delà surtout, la divinité envoyant des monstres pour avertir les hommes, ou leur réservant un sort terrible, qui s'accomplira par l'intermédiaire de ces êtres fabuleux ; une représentation humaine ne suffirait pas sans doute en effet pour exprimer la peur ressentie.

A ces monstres dont on est persuadé qu'ils sont réels s'ajoutent par ailleurs d'autres créations, qui, elles, servent de symboles. Elles peuvent donner l'image de divers aspects désagréables ou effrayants de la vie. Les rhinocéros, par exemple, dans la pièce de Ionesco, représentent la folie de l'homme, qui est pris parfois dans des hystéries collectives ; dans *La Tentation de saint Antoine,* Flaubert symbolise par des monstres les démons qui tourmentent le saint ; Rabelais dans *Le Tiers Livre,* fait la satire de la justice par le biais de leur description comme des « bêtes moult horribles et épouvantables... » qui « mangent les petits enfants » (les « Chats Fourrés »). D'autres fois, la création de monstres sert à donner une idée de la déchéance dans laquelle peuvent tomber certains humains. C'est « La Bête » dans les multiples versions du conte « La Belle et La Bête », ou le Bisclavaret (loup-garou) dans le lai du même nom, de Marie de France (dans ces cas-là, la « monstruosité » est d'ailleurs temporaire, les créatures étant « rachetées » par la suite). C'est aussi l'apparence horrible de Quasimodo, dans *Notre-Dame de Paris,* qui en fait un « monstre » à l'écart de la société humaine. La création de ces monstres à valeur symbolique correspond aussi à une crainte, moins « primitive » celle-là, plus réfléchie.

On en arrive ainsi à la notion de monstruosité uniquement morale, qui est souvent évoquée dans la littérature. « Je l'ai toujours regardé comme un monstre » déclare Racine à propos de Néron dans la préface de *Britannicus.* Les « monstres » moraux ne sont pas rares chez Balzac (*cf.* la monomanie de certains personnages). Chez Zola, ils sont expliqués par l'influence de l'hérédité (cf. *La Bête Humaine,* où Jacques Lantier, atteint de folie homicide, a l'obsession permanente du sang). Dans *Les Misérables,* Hugo fait de Thénardier l'incarnation du mal (il fouille les morts sur le champ de bataille, maltraite Cosette malade, escroque diverses victimes). Cette création de personnages monstrueux s'explique par le besoin d'en faire des « repoussoirs ». Il faut, semble-t-il, que l'on exorcise le risque de déviations psychologiques dont on constate l'existence.

C'est finalement ainsi qu'on peut expliquer la présence dans les arts de semblables créatures. On distingue donc une évolution, du monstre imaginé par une mentalité encore primitive, à une notion qui est le fruit d'une réflexion élaborée. Mais toujours, on peut y voir une représentation de ce que l'on craint, à quelque niveau que ce soit, de ce que l'on rejette : c'est la négation de l'humain, la bestialité pouvant se situer à un niveau concret, ou plus abstrait. Et si cette représentation attire, c'est peut-être que, inspirant de la répulsion, elle permet de conjurer l'angoisse humaine.

ACADÉMIE DE GRENOBLE

Après l'Amour, la Guerre est sans doute le thème littéraire le plus exploité. Racontée, commentée, glorifiée ou critiquée, la Guerre occupe tous les genres de la littérature universelle.

En vous référant à des exemples précis vous étudierez, en un développement organisé, la façon dont ce thème est abordé dans les œuvres littéraires que vous connaissez.

Corrigé

PLAN DÉTAILLÉ

Introduction.

« C'est lorsque la fureur de la guerre civile ou du fanatisme arme les hommes de poignards, déclare Diderot dans *De la Poésie Dramatique,* et que le sang coule à grand flots sur la terre, que le laurier d'Apollon s'agite et verdit. Il en veut être arrosé. Il se flétrit dans le temps de la paix et du loisir. » De fait, non seulement dans la poésie mais dans toute la littérature, on a souvent recours aux thèmes guerriers, depuis l'aube des temps (*cf.* les épopées sanscrites elles-mêmes). Mais les auteurs abordent le problème de façon très variée, de l'exaltation de la guerre à sa dénonciation ; beaucoup d'entre eux en tout cas voient aussi le parti qu'ils peuvent en tirer sur le plan esthétique.

I. La glorification de la guerre.

1. La guerre juste.

Certains écrivains se font les défenseurs d'une cause et montrent l'absolue nécessité de la guerre dans telle ou telle circonstance. Ainsi Malraux, dans *L'Espoir,* présente-t-il de la guerre d'Espagne une vision assez idéalisée : le camp des républicains a de son côté la justice ; les exactions ne sont que le fait du camp opposé — d'ailleurs on a très peu idée de ces adversaires tout au long du roman. Dans une optique très différente, Péguy glorifie la mort au combat, pour une cause juste :
« Heureux ceux qui sont morts pour la terre charnelle,
Mais pourvu que ce fût dans une juste guerre.
Heureux ceux qui sont morts pour quatre coins de terre.
Heureux ceux qui sont morts d'une mort solennelle. »
La guerre, si elle a un sens, est acceptée par cet auteur, et magnifiée (car ce qu'on défend est « l'image et le commencement... de la maison de Dieu »).

2. Un champ au déploiement des vertus guerrières.

La guerre offre aux combattants une occasion de se valoriser, de faire jouer leur sens de l'honneur. On pense par exemple à la réaction d'Horace, quand il apprend que l'issue du combat dépend désormais de ses deux frères et de lui-même ; à ses yeux, le sort est bienveillant :
« Il épuise sa force à former un malheur
Pour mieux se mesurer avec notre valeur. »
Le « malheur » qu'est la guerre a quelque chose de bon, puisqu'il fait se dégager des héros, prêts au sacrifice.
Par ailleurs, la guerre permet l'existence d'une autre valeur, la fraternité. Dans le combat, les hommes oublient leurs antagonismes. Il reste seulement une sorte d'émulation, comme dans *L'Espoir,* où les jeunes des différents pays qui se sont engagés aux côtés des républicains veulent chacun montrer ce que leur nation peut faire. Ce zèle n'exclut aucunement la fraternité : « l'aviation les unissait, dit quelque part Malraux, comme des femmes sont unies dans la maternité » ; l'« espoir » est bien un espoir commun. La notion de fraternité ressort souvent des ouvrages consacrés à la guerre : *cf.* différents romans qui traitent de la Première Guerre mondiale, *Les Croix de Bois* de Roland Dorgelès, ou *Le Feu* de Henri Barbusse, qui relatent une expérience collective de la vie des tranchées.

3. L'amour de la guerre « en soi ».

Plusieurs éléments entrent en jeu dans cet amour.

La guerre est d'abord une fuite hors du quotidien : « pour une vie, c'est une vie », déclare l'un des personnages de *L'Espoir*.

Elle donne libre cours aussi à une certaine fascination pour l'horreur. Cette tendance a toujours existé : on peut la déceler dans les longues évocations des champs de bataille de *La Pharsale*, où Lucain déploie une imagination « baroque » pour raconter les combats entre partisans de César et de Pompée ; le même goût pour les situations affreuses se manifeste dans certains passages des *Tragiques* d'Agrippa d'Aubigné, comme dans le récit de la Saint-Barthélémy, ou dans la peinture de batailles, où l'auteur ne recule pas devant l'horreur ; certes on dira que le sang qui coule dans la Seine, ou ailleurs, doit soulever la répugnance du lecteur, et lui montrer toute l'atrocité de la guerre. Mais on peut penser que dans certaines descriptions, cet auteur baroque a presque un regard complaisant sur les massacres qu'il dénonce en favorisant les images de sang et de mort.

Au cours de la guerre, le recours aux armes est indispensable. Certains auteurs leur donnent toute leur importance, en en faisant des objets privilégiés. Le goût des armes est présent dès l'*Iliade,* qui décrit longuement le bouclier d'Achille comme une merveille, ou l'*Odyssée,* où le cheval de Troie, cette arme particulière, est longuement évoqué. Tout près de nous, dans *L'Espoir* toujours, les combattants manifestent un amour passionnel des avions, et Malraux revient souvent sur ces derniers, sur les chars, les mitrailleuses, symboles de la guerre.

II. La mise en scène de la guerre.

Elle est surtout le fait, à quelques exceptions près, de ceux qui glorifient la guerre ; ils passent d'une simple narration à une mise en valeur, qui est faite de différentes façons.

1. La narration pure.

Les récits de bataille ne sont pas rares dans la littérature. Ils prétendent souvent à l'objectivité. On peut trouver un exemple extrême de cette volonté de rendre compte au maximum de l'histoire dans *Salammbô :* Flaubert décrit la guerre de révolte des Mercenaires de Carthage ; il détaille les procédés de combat, les méthodes de siège de la guerre antique. D'autres auteurs, moins précis peut-être, ont aussi pour but de « raconter » la guerre ; souvent ils en ont été eux-mêmes les acteurs, et sont très bien placés pour en parler : ainsi César fait-il revivre « sa » guerre des Gaules, Villehardouin rédige une *Histoire de la Conquête de Constantinople,* conquête à laquelle il a participé. L'un et l'autre retracent les faits militaires avec précision.

Cependant, on sait que l'objectivité en histoire est difficile. César, qui se dit, se veut objectif, cherche par tous les moyens à se mettre en valeur à travers les faits racontés ; Villehardouin fait l'apologie de la Quatrième Croisade… Ils sont ainsi conduits à une « mise en scène » de faits guerriers. Flaubert lui-même, dans toute sa volonté d'impartialité, insuffle à certains des récits de *Salammbô* une grandeur qui dépasse celle d'un simple compte rendu.

2. La guerre comme spectacle.

Certains auteurs sont sensibles à l'esthétique des grandes batailles rangées ; Flaubert insiste sur la marche de l'armée carthaginoise ; il détaille les techniques militaires dans un souci de précision, certes, mais aussi en voyant la beauté de « chefs d'œuvre » comme des sièges. On oublie les aspects tragiques de la guerre, ou son sens même, devant des spectacles comme ceux qu'en présente *L'Espoir :* le bombardement de Madrid, par exemple, donne lieu au déploiement d'un « style de l'incendie » (tourbillons d'étincelles dans la nuit...).

3. Le mode épique.

La narration prend parfois une dimension qui dépasse les événements évoqués. On peut noter que les épopées ont souvent une guerre pour thème. Dans l'*Iliade,* les combats, fussent-ils singuliers, deviennent des faits extraordinaires, du fait de l'exagération de l'auteur, de l'intervention des dieux, des éléments naturels. Et dans d'autres genres littéraires, la peinture de la guerre peut momentanément provoquer l'emploi d'un style épique. Dans *Le Cid,* le récit du combat de Rodrigue contre les Maures met en valeur le héros par des procédés de cet ordre ; c'est d'abord l'exagération :

« Nous partîmes cinq cents ; mais par un prompt renfort,
Nous nous vîmes trois mille en arrivant au port. »

Puis les contrastes entre l'agitation et le silence, la lumière et l'ombre, l'exaltation de l'héroïsme de chaque individu, et de l'activité prodigieuse de Rodrigue... Dans ce genre de littérature, les éléments « participent » aux actions humaines, en les facilitant, comme dans cet épisode du *Cid,* ou en les rendant plus glorieuses (*cf.* le déchaînement de la neige dans certaines batailles de *L'Espoir*).

III. La mise en question de la guerre.

1. Le caractère dérisoire de ses causes.

Sans doute est-ce Rabelais qui est allé le plus loin dans ce genre de mise en question, dans les chapitres de *Gargantua* consacrés à la guerre Picrocholine. On sait la minceur de l'incident de base, ce « grand débat dont furent faites grosses guerres » ; l'épisode des fouaciers est volontairement raconté sur le mode carnavalesque. La fantaisie recouvre une réflexion sur les origines de la guerre (les événements s'enchaînent ensuite, Picrochole prêtant foi à un récit mensonger et se lançant dans une guerre d'agression).

2. L'horreur d'une guerre meurtrière.

La dénonciation peut ne pas être explicite : on pense à l'épisode de la bataille de Waterloo, dans *La Chartreuse de Parme.* Fabrice, par son regard naïf, fait ressortir tout l'odieux de ce qui pourrait être un épisode héroïque ; lui est constamment décalé par rapport au déroulement des événements, et il se permet en outre d'avoir des sensations. C'est un véritable « anti-héros », dont la conduite répond à un art de vivre différent, fondé sur le bonheur, la liberté, l'amour... Dans ce cas, c'est d'une façon quelque peu détournée que l'auteur exprime sa position.

Ailleurs, c'est directement qu'il déclare, comme Malraux dans *L'Espoir,* que « la guerre, c'est faire l'impossible pour que des morceaux de fer entrent dans la chair vivante ». Dans ce même ouvrage, cet écrivain insiste sur le martyre de Madrid : la guerre entraîne aussi pour les civils des misères sans nombre, on voit des quartiers entiers incendiés, une mère qui perd son enfant, un hôpital bombardé... La guerre du XXe siècle est devenue totale. Mais, même auparavant, elle était évidemment une source de malheur général. Zola, dans *La Débâcle,* veut prouver que c'est le peuple qui en est toujours la victime, les « grands » limitant leurs risques ; Balzac, dans *Le Colonel Chabert,* montre les conséquences tragiques de tels bouleversements sur la vie personnelle (son héros passé pour mort après Eylau, retrouve après plusieurs années sa femme remariée).

On peut trouver, enfin, une dénonciation très violente de l'horreur de la guerre et de son absurdité dans l'œuvre de Céline. Le héros du *Voyage au bout de la nuit,* bien conscient de n'avoir pas de raison de se trouver face aux Allemands, déclare au sujet des combattants : « combien de temps faudrait-il qu'il dure leur délire, pour qu'ils s'arrêtent enfin épuisés, ces monstres ? ». Les descriptions des blessés et des morts condamnent à jamais l'esprit belliqueux.

3. La guerre comme fléau millénaire.

Par-delà l'horreur, il y a aussi une constatation qui s'impose : la guerre est ressentie comme une fatalité. Il ne s'agit pas de lui trouver une justification, mais d'être bien conscient du fait qu'elle est éternelle. Les écrivains comme les hommes peuvent accepter cette fatalité ; c'est ce que fait Malraux dans *L'Espoir,* quand il parle de « la Guerre » qui se sert « d'appeaux... pour prendre les hommes », sans pour cela la refuser. Giraudoux, lui, montre des êtres qui s'emploient à entraver ce pouvoir de la fatalité. Dans *La Guerre de Troie n'aura pas lieu,* les personnages cherchent à empêcher la guerre par des ruses contre le sort qu'ils pressentent. Ils parviennent à « fermer les portes de la guerre », mais « il est une espèce de consentement à la guerre que donne seulement l'atmosphère, l'acoustique et l'humeur du monde ». Les efforts d'Hector seront anéantis par un enchaînement fatal de petits faits, et la guerre aura lieu. On sait que cette pièce a d'autant plus d'acuité qu'elle a été écrite peu avant la Seconde Guerre mondiale.

CONCLUSION

Si le thème de la guerre est fréquemment utilisé par les auteurs de toutes les époques, c'est, on l'a vu, sur des modes très différents. Ne faut-il pas expliquer cette diversité par le fait que la guerre est un moment de crise, qui agit comme un « révélateur » de tempéraments variés ? Tout n'est pas simple d'ailleurs, dans la vie comme dans la littérature, et certaines œuvres peuvent mêler inextricablement ces réactions pourtant opposées. Ainsi de *L'Espoir,* roman de « propagande », ouvert aux valeurs héroïques, ou même à l'idée d'une certaine « beauté » de la guerre, mais qui en exprime aussi la dimension tragique, et la « pense » : « le combat fait partie de la comédie que presque tout homme se joue à soi-même. »

ACADÉMIE DE LILLE

Le poète breton contemporain Eugène Guillevic écrit à propos de son art : « Je crois que la poésie est un moyen de connaissance, un des moyens d'apprendre le monde. Il y a toutes sortes de moyens de connaissance. Pour important que soit le rôle de la science, ce n'est pas le seul. Nous ne devons nous priver d'aucun de ces moyens. Il n'y a pas que la connaissance purement intellectuelle qui est connaissance. Après tout, le meilleur moyen de connaître une pomme, c'est de la manger... »

Quelle conception personnelle avez-vous du rôle de la poésie dans la vie humaine ? Appuyez votre réflexion sur celle de Guillevic et sur des exemples précis.

Corrigé

INDICATIONS

Le caractère général de cette définition (« un moyen de connaissance ») invite à en faire plusieurs interprétations. On peut concevoir que la poésie nous conduit à « apprendre le monde » de façon purement « anecdotique », en ce qu'elle porte souvent son intérêt sur des expériences humaines. Qu'on songe à l'expression des passions dans la poésie lyrique (amour, haine, désespoir chez Ronsard, Hugo, Verlaine, etc.). Guillevic semble tout de même insister ici sur une connaissance « intuitive », qui s'opposerait à une vision purement intellectuelle des choses. Le poète porte en effet sur le monde un regard qui fait qu'il ne se contente pas de la notion habituelle qu'on en a (se reporter à la deuxième partie du troisième sujet de l'académie de Nice). On en arrive à l'idée du poète « déchiffreur de l'univers ». Sa sensibilité réceptive lui fait saisir tous les « signes » du monde. Selon Baudelaire, il interprète les « correspondances » entre le monde visible et les réalités supérieures. Le poète « voyant » de Rimbaud relève aussi de cette conception. Si on « apprend le monde », c'est, pour Cocteau, que la poésie « montre nues, sous une lumière qui secoue la torpeur, les choses surprenantes qui nous environnent, et que nos sens enregistraient machinalement ». Il faudrait aussi envisager de quelle façon la poésie peut conduire à la réflexion, et s'allier par là à la « connaissance purement intellectuelle », au lieu de s'y opposer. Vigny en est un exemple, qui déclare en s'adressant à elle :

« Comment se garderaient les profondes pensées
Sans rassembler leurs feux dans ton diamant pur ? »

Valéry également conçoit ainsi la poésie : « La vie de l'intelligence constitue un univers lyrique incomparable », et il définit son recueil *Charmes* comme « une fête de l'intellect ». Sans aller aussi loin, on constate que la poésie didactique (*cf.* Voltaire, le *Poème sur le Désastre de Lisbonne*), la poésie engagée (*cf.* Hugo, d'Aubigné) se veulent des « moyens de connaissance » du monde. Dans une dernière étape enfin, on se demandera si la formule qualifiant la poésie de « moyen de connaissance » est satisfaisante. Elle attribue en effet à cet art une utilité ; le tout est de savoir si c'est cet avantage qu'on recherche en lisant des poèmes. Du Bellay affirme, au début des *Regrets :*

« Je ne veux point fouiller au sein de la nature,
Je ne veux point chercher l'esprit de l'univers »,

et, s'il refuse ces « si hauts arguments », c'est pour suivre sa fantaisie (« J'écris à l'aventure »). Mieux vaudrait peut-être, avec lui, affirmer l'inutilité de la poésie, plutôt que d'y voir un moyen d'accéder à des connaissances, de quelque ordre qu'elles soient... Les poètes parnassiens, par exemple, ont eu le mérite de souligner qu'elle est avant tout effort vers la beauté. Elle réside plus sans doute dans un travail verbal que dans l'information qu'elle apporte.

ACADÉMIE DE LIMOGES

A la fin de l'âge romantique, le grand critique russe Biélinski a affirmé que l'idéal, la beauté, la poésie n'avaient aucune place dans l'œuvre d'art : seul importait qu'elle fût un fidèle miroir de la réalité. Cinquante ans plus tard, Anatole France écrit : « L'artiste doit aimer la vie et nous la montrer belle. Sinon nous en douterions. »

A l'aide d'exemples empruntés à vos lectures, vous direz si, à votre avis, l'artiste, et spécialement l'écrivain doit nous présenter une image idéale de la vie.

Corrigé

INDICATIONS

Que la littérature soit miroir de la réalité, ou veuille « nous la montrer belle », ce n'est pas cela l'important. De toutes façons, il y a un « divorce entre la littérature et la vie » (*cf.* le troisième sujet de l'académie de Clermont), divorce que suppose la notion même d'œuvre d'art.

ACADÉMIE DE LYON

Certaines éditions de poche, pour faciliter le choix du lecteur éventuel, présentent au dos du volume un bref résumé de l'ouvrage publié.

Quelles réflexions cette pratique vous inspire-t-elle ? L'intérêt de l'œuvre romanesque se réduit-il à l'anecdote ou fait-il intervenir d'autres éléments ?

Corrigé

REMARQUE

On pensera à ce que dit Valéry, ennemi du genre romanesque, de ce qui est selon lui l'essence du roman : « Au contraire des poèmes, un roman peut être *résumé,* c'est-à-dire *raconté* lui-même ; il contient donc toute une part qui peut, à volonté, devenir implicite. Il peut aussi être traduit, sans perte du principal », pour se demander si ces affirmations sont parfaitement justifiées, et si l'intérêt d'une œuvre se réduit à ce « résumé » qu'offrent certaines éditions.

PLAN DÉTAILLÉ

I. L'intérêt pour l'anecdote : une attitude légitime.

1. Une littérature d'évasion pure.

« Pourquoi lire des romans ? » se demande un critique. « Lire ces œuvres, c'est être ravi, transporté dans un monde dont nous savons avec soulagement qu'il n'est pas le nôtre. » Il n'y a pas de raisons de condamner ceux qui se limitent dans leur lecture à la considération de « l'histoire ». La lecture correspond alors à un besoin de détente. Certaines œuvres sont conçues dans ce but, leur seul intérêt résidant dans leur sujet. On pense aux romans policiers qui maintiennent l'attention du lecteur par un récit haletant, jusqu'au dénouement, ou bien à certains romans d'aventure. Ainsi s'expliquent par exemple les immenses succès de librairie des romans d'Eugène Sue ou d'Alexandre Dumas. Ces romans d'ailleurs avaient vu le jour sous une forme nouvelle, celle des « feuilletons » proposés par les journaux, et conçus pour piquer chaque fois la curiosité de la clientèle. C'est le cas du *Comte de Monte-Cristo,* des *Mystères de Paris,* et de toute une littérature dont on ne peut nier le succès.

2. Tout roman conduit vers une fin.

« Il faut, dit encore Valéry à propos du roman, que la suite nous entraîne, et même nous aspire, vers une fin qui peut être l'illusion d'avoir vécu violemment ou profondément une aventure, ou bien celle de la connaissance précise d'individus. » Car un roman déroule un récit, destiné à intéresser. On constate d'ailleurs que les romans inachevés déçoivent. Les questions demeurent dans l'esprit : comment se termine l'aventure de Lucien Leuwen, dans le roman de Stendhal ? Comment Flaubert imaginait-il la suite de *Bouvard et Pécuchet ?* On a beau lire par amour de l'art, on n'en aime pas moins à savoir ce qui va se passer après l'emprisonnement de Fabrice, dans *La Chartreuse de Parme ;* ou encore on suit avec curiosité l'ascension de Bel-Ami dans le roman de Maupassant, ou le déclin de Raphaël dans *La Peau de chagrin,* de Balzac. L'attente de la fin n'est pas pour rien non plus dans l'intérêt qu'on prend à lire le *Rivage des Syrtes,* de Julien Gracq : la guerre se rallumera-t-elle entre deux pays ennemis, dont l'un attend avec impatience que « quelque chose » se passe ? Dans tous ces ouvrages d'ailleurs, qui n'ont rien d'une littérature « commerciale », on peut ne s'arrêter qu'à l'intrigue, sauter des pages par exemple pour connaître « la suite de l'histoire ».

On comprend donc la pratique des éditeurs qui, pour attirer le lecteur, lui donnent par un résumé un avant-goût du sujet d'un livre.

II. L'intérêt d'une œuvre littéraire.

1. Le caractère insuffisant du seul résumé.

Il faut remarquer que le sujet d'un ouvrage se résume souvent en quelques lignes. *Le Rouge et le Noir, Madame Bovary,* par exemple, pourraient faire l'objet d'un article de journal (ces romans peuvent d'ailleurs tirer leur source de faits divers). Pour connaître le déroulement des faits évoqués dans *L'Espoir,* il suffirait de prendre un livre d'histoire. Si donc on lit ces œuvres plutôt que n'importe quel document, si on les considère comme « littéraires », c'est qu'elles présentent d'autres intérêts que celui qu'offrirait leur sujet.

2. Les divers intérêts liés à l'intrigue.

On peut trouver plaisir à différents éléments qui sont autre chose que la simple anecdote qui sert de trame à un roman. Ainsi certains s'arrêteront à l'analyse psychologique qui sous-tend dans un roman l'évocation d'une aventure humaine. Un roman comme *La Princesse de Clèves* tient en peu de lignes, si on le résume. Mais ce qui compte à sa lecture, c'est la justesse de l'observation psychologique : les sentiments de Madame de Clèves, ceux de son mari ou du duc de Nemours sont retracés, étudiés avec une vérité frappante. Dans d'autres romans, on appréciera la peinture de toute une société, peinture qui n'ajoute pas grand-chose à l'intrigue en elle-même. On a dit par exemple de *L'Éducation Sentimentale* : « C'est bien la jeunesse du temps de Louis-Philippe qui revit dans toute cette œuvre, représentée par des personnages tels qu'il a dû s'en rencontrer beaucoup aux environs de 1845. » Or, un simple résumé rendra compte de l'histoire de Frédéric Moreau, mais non sans doute de l'agitation estudiantine de cette époque, du départ du roi, de l'atmosphère des courses du Champ de Mars ou du salon Dambreuse. Enfin, on pourra apprécier dans d'autres livres les considérations générales qui élèvent un lecteur au-dessus d'une histoire particulière. Par exemple, dans *La Peau de Chagrin,* on verra, si on s'arrête à l'intrigue, le drame de Raphaël qui voit se rétrécir sa vie. Mais on négligera alors tous les développements philosophiques du roman sur le suicide, l'amour, le vouloir et le pouvoir qui nous tuent (*cf.* aussi pour de tels développements le passage des *Misérables,* proposé pour l'explication à Rouen).

3. Le plaisir esthétique que procure une œuvre d'art.

Ce qui fait que l'intérêt d'un roman ne se limite pas à l'anecdote, c'est par ailleurs, et principalement peut-être, le style d'un récit, la technique mise en œuvre. On aimera la richesse et la variété de vocabulaire des pages de Balzac, l'harmonie de la description proustienne (on trouvera des exemples de ce talent déployé dans l'écriture dans les textes proposés à Montpellier et à Lyon en ce qui concerne Flaubert, à Caen pour Balzac, à Reims pour Hugo ou à Poitiers et à Rouen pour Proust. Se reporter aux explications de ces passages). On sera sensible aussi à l'organisation de certains romans, qui prouve que l'auteur nous conduit quelque part. Les descriptions préliminaires de Balzac, par exemple, ne sont pas gratuites ; dans certains de ses ouvrages, cet auteur s'attache à une composition par contraste : dans *Le Père Goriot,* on passe d'une pension bourgeoise aux richesses de la Chaussée d'Antin, et au magnifique hôtel de Beauséant. Rastignac, déjeunant à la pension Vauquer, évoque le bal de Mme de Beauséant (*cf.* aussi le corrigé du troisième sujet de l'académie de Rennes, pour l'organisation de *L'Éducation Sentimentale*).

Au-delà de tout intérêt anecdotique, on trouve un plaisir à l'agencement même des mots, plaisir dont ne peut donner aucune idée un simple résumé. La prise de conscience par certains écrivains du caractère secondaire de « l'histoire » a d'ailleurs pu entraîner la création d'œuvres qui se donnent pour principe de refuser cette « histoire » (cf. *Jacques le Fataliste,* expression de la réaction de Diderot contre le romanesque excessif, ou, à la pointe extrême de cette conception, le nouveau roman). Mais cette tendance peut aboutir à une littérature trop « intellectuelle ».

CONCLUSION

Si la lecture du résumé figurant au dos d'un volume n'est évidemment pas suffisante, il n'empêche qu'elle peut appeler à pénétrer plus avant dans la connaissance du livre. L'intérêt d'une œuvre romanesque ne tient pas du tout dans l'anecdote qu'elle retrace, il s'en faut, mais il n'est pas interdit de penser que la considération de l'intrigue peut constituer une première étape dans la découverte d'un roman. Celle-ci peut en effet être progressive. A un premier contact incomplet succède alors un approfondissement que les relectures favorisent.

ACADÉMIE DE MONTPELLIER

« Je crois qu'une œuvre d'art, quelle qu'elle soit, vit à deux conditions : la première, de plaire à la foule, et la seconde, de plaire aux connaisseurs. Dans toute production qui atteint l'un de ces deux buts, il y a un talent incontestable... Mais le vrai talent, seul durable, doit les atteindre tous les deux à la fois. »

Que pensez-vous de ce jugement de Musset ? Vous justifierez vos arguments par des exemples empruntés à la littérature ou au cinéma.

Corrigé

REMARQUE

Dans le corrigé, on a choisi uniquement des exemples empruntés à la littérature. Il conviendrait d'élargir votre devoir par des références au cinéma.

PLAN DÉTAILLÉ

I. Plaire à la foule.

1. C'est le premier but de tout écrivain.

Au-delà des grandes déclarations concernant la solitude de l'artiste, on peut constater que la consécration pour un écrivain, c'est de toucher le plus de lecteurs possible. L'idéal classique « instruire et plaire » reflétait une attitude ouverte sur le public, celle d'un Molière par exemple, déclarant dans *La Critique de l'École des Femmes* : « Je voudrais bien savoir si la grande règle de toutes les règles n'est pas le plaisir, et si une pièce de théâtre qui a attrapé son but n'a pas suivi un bon chemin. » Il répondait ainsi à ceux qui l'accusaient de ne pas respecter parfaitement « les règles », aux « connaisseurs » pourrait-on dire. Même un Stendhal, qui dédie *La Chartreuse de Parme* « to the happy few », à l'élite restreinte capable de l'apprécier, suppose qu'il sera compris une cinquantaine d'années plus tard ; l'élite s'élargira donc alors.

2. Plaire par le sujet choisi.

Certains auteurs veulent donner à « la foule » un reflet de sa vie quotidienne, pensant ainsi l'intéresser. Ainsi Zola déclare d'un de ses ouvrages : « C'est une œuvre de vérité, le premier roman sur le peuple, qui ne mente pas et qui ait l'odeur du peuple. » Dickens consacre aussi son œuvre au peuple anglais, dans sa diversité ; il ne recule pas devant l'exploitation d'une veine sentimentale et mélodramatique, comme Hugo d'ailleurs dans certains passages des *Misérables.*

D'autres fois, c'est en proposant aux lecteurs une évasion que les écrivains touchent le plus grand nombre. Si la Comtesse de Ségur a beaucoup plu, et plaît encore, c'est peut-être parce qu'elle présente une société favorisée, où tout se termine toujours bien. On pense aussi à la littérature « de cape et d'épée », comme *Le Bossu,* de Paul Féval.

3. Plaire par la forme adoptée.

Zola emploiera « la langue du peuple » ; d'autres auront recours à un vocabulaire peu contourné, comme Aragon dans certains de ses poèmes ; quelques écrivains se plieront à la formule du roman-feuilleton, qui pique l'intérêt du lecteur (cf. *Les Mystères de Paris,* d'Eugène Sue) ; un poète comme Péguy usera de la forme répétitive, qui plaît par sa simplicité, ou du genre du « mystère » médiéval, dégagé de toute rhétorique, de toute tradition savante.

II. Plaire aux connaisseurs.

1. Une attitude volontiers aristocratique.

Certains écrivains, bien conscients de la difficulté du contrôle de leur inspiration — contrôle nécessaire à toute création artistique — se considèrent comme des spécialistes et « méprisent » volontiers les non-initiés. Du Bellay affirme par exemple : « Rien ne me plaît, fors ce qui peut déplaire / Au jugement du rude populaire. »

2. Le goût pour la complexité de l'analyse.

Dans les œuvres à succès touchant un large public, les personnages et les sentiments sont souvent simplifiés. *A contrario,* certains auteurs voient dans la littérature un moyen d'analyse de l'âme humaine, et se livrent à cette « exploration », au risque d'écarter d'eux la majorité des lecteurs. C'est ce que fait Marivaux, qui rend compte avec finesse de la psychologie amoureuse, des conflits de l'amour et de l'amour-propre. La vérité de ses personnages, la subtilité extrême de leur langage, la fantaisie déployée, font le charme de ses pièces. Celles-ci n'eurent cependant guère de succès à leur époque, et Voltaire, qui lui reprochait de « peser des œufs de mouche dans les balances de toile d'araignée », pensait que son comique ne pouvait rencontrer d'échos que chez quelques raffinés. On peut appliquer la même remarque à des écrivains comme Stendhal ou Proust.

3. Le souci de la perfection technique.

Bien que ce ne soit pas toujours le cas, il est souvent l'apanage de cette famille d'écrivains « élitistes ». En tout cas, le but principal d'un Flaubert livré aux « affres du style » n'était pas l'approbation du public, mais bien surtout la création d'une œuvre belle (« le but de l'art, c'est le beau avant tout »). De tels auteurs prêteront une grande attention à la forme de ce qu'ils composent, même si la subtilité de cette forme n'est pas décelable par tous (*cf.* les raffinements du sonnet en général ; à la pointe de cette tendance, voir les poèmes de Mallarmé, comme ce sonnet qui privilégie la rime rare en « yx », ponctuant les vers de mots aussi peu courants que (« onyx... ptyx... nixe... »).

III. Les dangers de ces deux positions.

1. Les excès de la complaisance.

Ceux qui ne pensent qu'à « plaire à la foule » peuvent avoir du talent... Mais ils risquent de succomber à la tentation de la facilité. On constate par exemple que Molière, pour plaire au parterre, n'hésite pas à recourir souvent au comique de farce ; que le drame bourgeois du XVIIIe siècle qui exploite volontiers la sensiblerie du public, est affligeant de mièvrerie ; que les romans de cape et d'épée et les romans noirs du siècle dernier ne brillent pas par leur subtilité, et font même souvent jouer des ressorts vraiment gros. Même des poètes — leur art étant à l'ordinaire moins démagogique que d'autres, parce que de diffusion plus restreinte — se laissent parfois aller à une facilité excessive (*cf.* certains vers de Victor Hugo : « Mon père, ce héros au sourire si doux »... « Donne-lui tout de même à boire, dit mon père »).

2. Les dangers d'une trop grande recherche.

Il faut véritablement une aptitude toute particulière pour « plaire aux connaisseurs »... L'exploitation par l'auteur de son talent le conduit alors quelquefois à une virtuosité extrême, pas toujours heureuse à y réfléchir. On a pu dire par exemple que Beaumarchais, à certains moments de ses pièces, cède aux « tentations de l'esprit », quand il emploie des formules un peu trop ingénieuses, ou fait parler ses personnages de façon trop « savante » (*cf.* la « tirade de la calomnie » dans *Le Barbier de Séville*) ; ces moments ne sont pas en effet adaptés aux exigences de la scène. D'autres fois, des écrivains qui cherchent trop à faire montre de leur virtuosité dans le domaine technique perdent, à force de réduire leur audience, tout contact avec les lecteurs. A la fin du Moyen Age, les Grands Rhétoriqueurs s'adonnent à une poésie faite uniquement, pourrait-on dire, de raffinements de style, d'acrobaties de versification. Plus près de nous, Mallarmé pratiquera un art de plus en plus hermétique (on a besoin de gloses pour comprendre ses vers), jusqu'à oublier complètement la notion de la nécessaire communication d'une œuvre à un lecteur.

CONCLUSION

N'est-ce pas Musset qui a raison, dans l'équilibre que suppose sa formule concernant les buts de la production artistique : « Le vrai talent... doit les atteindre tous les deux à la fois » ? On a vu que l'une et l'autre des attitudes qu'il envisage se justifient d'une certaine façon, mais qu'elles comportent chacune des dangers. On apprécie sans réserve les œuvres qui concilient ces deux formes de talent, les *Fables* de La Fontaine par exemple, fruit de « cet heureux art... qui cache ce qu'il est et ressemble au hasard », capables de plaire à « la foule » par leur diversité, leur vie, et aux « connaisseurs » par leurs nuances et par la science des ressources du vers qu'y déploie leur auteur. La seule objection que l'on puisse opposer à Musset, c'est son emploi du mot « foule », qui risque de faire croire à une démagogie de la part de l'écrivain ; on y préférera celui de « public », qui suppose une certaine notion de la communion entre auteur et lecteurs, condition de la « vie » d'une œuvre d'art.

ACADÉMIE DE NANCY

Dans une société en crise, où beaucoup se plaisent à proclamer la « fin des idéologies », la littérature engagée vous semble-t-elle encore de mise ? Tout en vous référant à la riche tradition des œuvres de témoignage, de dénonciation ou de combat, vous tenterez de définir les enjeux et les limites de la notion d'engagement de l'écrivain.

Corrigé

REMARQUE

Dans l'introduction, on pourra peut-être dire que le sujet a une formulation qui manque un peu de nuances : il semblerait d'après lui que, jusqu'à notre époque, la littérature était plutôt « engagée », le contraire se produisant actuellement. Mais après tout, une certaine forme de désengagement artistique a toujours existé, et à l'inverse il n'est pas prouvé que de nos jours, celui-ci soit absolument prédominant...

PLAN SCHÉMATIQUE

I. Le refus de l'engagement.

1. Le lyrisme personnel.

Il se concentre sur la personne du poète, sans se soucier des événements extérieurs : *cf.* Villon, la poésie romantique. Le goût de l'introspection, de l'autobiographie relève aussi de cette tendance : *cf.* Rousseau, Proust.

2. L'esthétisme.

Certains artistes portent tout leur intérêt sur la création d'œuvres « belles » : *cf.* les poètes parnassiens, Mallarmé, etc. Le goût pour la forme se manifeste chez Flaubert, ou dans le nouveau roman (qui en arrive à donner à de simples objets une importance considérable, sous prétexte — entre autres — de la création d'un style différent). La critique contemporaine insiste sur le caractère arbitraire de l'œuvre littéraire, qui existe comme un bel « objet », indépendamment de sa signification — ce qui exclut toute notion d'engagement.

II. La littérature engagée.

1. Toute œuvre laisse apparaître un engagement, de quelque ordre qu'il soit. Chez Baudelaire, poète très peu « engagé », on peut déceler une vision du monde (*cf.* le spleen...). Et toute vision du monde est en quelque sorte une forme d'engagement. Flaubert, lui, proclame sa volonté de retrait par rapport à la société de son temps, mais la désillusion même de ses personnages suppose qu'il porte sur elle un jugement très critique (de la même façon, dans le nouveau roman, le « culte » pour les objets est peut-être lié à un désintérêt pour les valeurs humanistes).

2. D'ailleurs, l'engagement n'est-il pas souvent inévitable ?

Il est peut-être des circonstances où on ne peut y échapper, en toute bonne conscience : voir par exemple ce que dit d'Aubigné :

« Mes yeux sont témoins du sujet de mes vers ;

Prête-moi, vérité, ta pastorale fronde. »

Il y a différents degrés dans l'engagement, de la participation directe de Hugo sur les barricades, ou de d'Aubigné comme général des armées protestantes, jusqu'à la façon dont la littérature rend compte des événements.

3. La transfiguration de l'événement.

L'activité artistique n'est pas gratuite en ce cas ; transformant l'événement en poème par exemple, elle confère aux idées transmises une valeur exemplaire. Se référer à l'imagination visionnaire de Hugo dans *Les Châtiments*, où par exemple Paris, au moment du coup d'État de 1852, devient un « aigle endormi pris sous un noir filet ».

III. Les limites d'une littérature engagée.

1. De telles œuvres se démodent, si elles ne sont pas d'une qualité qui leur fasse dépasser leur portée immédiate.

2. Un style parfois didactique.

Les auteurs tombent parfois dans l'emploi d'un ton un peu solennel. *Cf.* le poème « La sauvage » dans *Les Destinées* de Vigny (« La loi d'Europe est lourde, impassible et robuste : / Mais son cercle est divin, car au centre est le Juste »).

3. Les dangers d'un lyrisme de basse qualité.

On est loin d'une quelconque métamorphose poétique des événements, dans certains vers des *Châtiments* (« O cosaques ! voleurs ! chauffeurs ! routiers ! bulgares ! / O généraux brigands ! Bagne, je te rends ! »).

CONCLUSION

L'intérêt de l'œuvre d'art se situe-t-il au niveau de ces controverses ? Les critères qui assurent la pérennité à un ouvrage ne sont pas dépendants de l'engagement de son auteur, ou de sa fuite du monde, et si, dans la littérature de combat, certaines productions survivent au contexte qui les a vu naître, c'est grâce à leur beauté.

ACADÉMIE DE NANTES

Baudelaire définit en ces termes le trait principal de la démarche du créateur-artiste ou écrivain :

« Le génie, c'est l'enfance retrouvée à volonté. »

Estimez-vous que, pour l'écrivain, la création littéraire, et, pour le lecteur, ses contacts personnels avec l'œuvre, les aident à retrouver l'enfance ou, au contraire, les en éloignent ?

Corrigé

INDICATIONS

La question posée est assez générale, puisqu'elle concerne les actes de la création et de la lecture. On peut s'interroger sur la nature de ce

« retour » à l'enfance que semble souhaiter Baudelaire. De quelle manière une œuvre donne-t-elle l'occasion à son auteur ou à son lecteur de « retrouver l'enfance » ? Et pourquoi prendre la référence à cet âge de la vie comme un absolu ? « L'enfant, déclare Pierre Gascar, représente le capital de pureté, d'innocence et d'instinctif génie qui nous était donné au début de notre existence. » La littérature est-elle toujours liée à ce que symbolise l'enfance ?

On envisagera dans une première partie les livres qui « aident à [la] retrouver », parce qu'ils sont consacrés à des expériences enfantines. Ils peuvent insister sur l'innocence de cette période (*cf.* le personnage de Cosette dans *Les Misérables*) ; ils transmettent souvent la notion d'une beauté liée à tout commencement (cf. *L'enfant et la rivière* de Henri Bosco, le début de *Jean-Christophe* de Romain Rolland, les merveilleux souvenirs d'enfance des héros de *Comme le temps passe* de Brasillach). D'autres fois, ils sont sans illusions à l'égard du caractère angélique des enfants (cf. *Poil de Carotte,* de Jules Renard ; celui-ci déclarait : « L'enfant … c'est féroce et infernal qu'il faut le voir »). Certains auteurs ne se contentent pas d'évoquer l'enfance à l'occasion, mais cherchent vraiment à renouer avec elle à travers leur œuvre (*cf.* la joie de Proust qui, grâce à la permanence des sensations, « retrouve » ses vacances à Combray). On s'interrogera dans une deuxième étape sur l'interprétation plus générale qu'on peut faire de l'affirmation de Baudelaire. Son emploi du mot « génie » semble supposer une fascination pour des qualités attribuées à l'enfant. Parmi celles-ci, on cite traditionnellement la capacité d'émerveillement, le regard naïf sur le monde qui y décèle des beautés auxquelles on est trop habitué. Rainer Maria Rilke a beaucoup insisté sur le retour à ce stade de l'existence comme source de poésie. On se reportera pour rédiger cette partie au corrigé du troisième sujet de l'académie de Nice (la deuxième partie traitant de la joie de la découverte du monde). C'est sans doute plutôt à cela que fait allusion Baudelaire dans cette phrase (*cf.* sa vision de Paris dans les *Petits Poèmes en Prose*). On y ajoutera peut-être des remarques sur l'importance pour les enfants des éléments irrationnels. Une littérature qui veut retrouver l'enfance les prendra éventuellement en considération (*cf.* le caractère « évident » de l'irréel dans les nouvelles de Supervielle intitulées *L'enfant de la haute mer*). La fraîcheur liée à l'enfance est aussi apparente dans quelques œuvres (cf. *Sylvie* de Gérard de Nerval). Ainsi, dans ce sens, auteurs et lecteurs, même loin de leur enfance, peuvent s'en rapprocher, en portant un regard différent sur les choses. Enfin, on constatera que ce phénomène est loin d'être général, et que nombre d'œuvres n'ont rien à voir avec des thèmes en rapport avec l'enfance. Il existe toute une littérature de réflexion, très éloignée d'une fraîcheur ou d'une spontanéité quelconque (*cf.* Pascal, Montesquieu, etc.). Certains ouvrages tirent leur intérêt de la complexité de leurs analyses (cf. *La Princesse de Clèves*), d'autres présentent un univers de passions tourmentées (*cf.* Julien Green). On pense aussi aux auteurs critiques, ironiques (Saint-Simon, Voltaire), à ceux mêmes qui semblent conduire au cynisme (Laclos dans *Les Liaisons dangereuses*) ou à la désillusion (Flaubert dans *L'Éducation Sentimentale*).

On considérera donc que l'affirmation de Baudelaire est un peu hâtive, et ne peut être appliquée à toute la littérature. On peut s'élever contre cette poétisation trop systématique de l'enfance ; quoi qu'il en soit, celle-ci est vue par un adulte, que celui-ci soit auteur ou lecteur, et cela suppose que tout regard sur elle est faussé. D'ailleurs, la formulation même de cette phrase suppose un art bien conscient (*cf.* « à volonté »).

ACADÉMIE DE NICE

André Gide écrit : « Notre littérature, et singulièrement la romantique, a louangé, cultivé, propagé la tristesse (...) Pour moi, je tiens pour impie le vers de Musset tant prôné [1] :

« Les plus désespérés sont les chants les plus beaux. »

Êtes-vous d'accord avec cette prise de position ? Appuyez-vous sur des exemples précis.

Corrigé
PLAN DÉTAILLÉ

I. La souffrance, source et terrain privilégié de la littérature.

1. Le malheur à l'origine de la création.

C'est à ce phénomène que Musset fait allusion, dans *La Nuit de Mai,* d'où est extrait le vers cité par Gide. C'est l'idée romantique qu'un malheur féconde l'invention de l'écrivain... Déjà du Bellay, dans *Les Regrets,* trouvait son inspiration dans sa détresse d'exilé. La rupture avec Georges Sand, la mort d'une fille, font que Musset, Hugo, écrivent *Les Nuits* ou *A Villequier* (*cf.* ce que dit la Muse dans *La Nuit de Mai :* « Laisse-la s'élargir, cette sainte blessure »).

2. La littérature, expression d'un malheur fondamental de l'homme.

Peut-être est-ce trop schématiser que de voir dans de telles « anecdotes » (une rupture, une mort) la source essentielle de la création ; au moins peut-on dire que ces moments de crise renforcent, confirment un sentiment de malaise, d'angoisse, ressenti par tel ou tel écrivain. Hugo par exemple, perd sa fille en 1843 ; mais depuis 1830 au moins, apparaissent dans son œuvre des thèmes en rapport avec « le noir fourmillement des choses invisibles », avec le mystère des choses, de la vie et de la mort. Son malheur personnel est l'occasion pour lui d'avancer plus avant, puisqu'il est concerné directement, « Au bord de l'Infini », comme il le fait dans le livre VI des *Contemplations.*

Plus généralement, les « chants désespérés » des écrivains rendent sans doute compte d'une inquiétude liée à la nature même de l'homme. On a dit qu'un livre « remue des plaies ». Ces plaies sont de diverses sortes, le monde étant imparfait. Pour Baudelaire, l'homme ne peut trouver le bonheur parce qu'il est exilé dans ce monde, et toujours attiré vers le haut (l'Idéal), ou le bas (le Spleen). Il est à la recherche de l'Unité perdue (*cf.* la mélancolie de la « douce langue natale », dans *L'Invitation au*

---

1. Cité souvent et avec admiration.

voyage). L'auteur n'envisage même guère qu'une esthétique en rapport avec le malheur : « Je ne prétends pas que la Joie ne puisse pas s'associer avec la Beauté, mais... je ne conçois guère un type de Beauté où il n'y ait du Malheur. » D'autres artistes éprouveront aussi la sensation que le monde n'est pas satisfaisant, et s'intéresseront à différents problèmes, celui de l'amour par exemple, qu'ils ne présentent presque jamais comme heureux. Soit deux personnes s'aiment, mais elles sont séparées par les hommes (cf. *Tristan et Yseut, La Chartreuse de Parme*) ou la mort (cf. *La Peau de Chagrin*), soit leur propre conscience leur interdit de céder à leur penchant (cf. *La Princesse de Clèves*), soit enfin les sentiments éprouvés ne rencontrent pas d'écho chez l'objet aimé (*cf.* la situation inextricable d'*Andromaque* de Racine, où Hermione aime Pyrrhus, qui aime Andromaque, qui est fidèle au souvenir d'Hector mort). La lecture de ces ouvrages ne peut conduire à une vision optimiste de l'existence. Certains écrivains enfin « cultivent, propagent » une tristesse qui est liée à un sentiment d'échec général. On pense au « vague des passions » dont fait état Chateaubriand. La complaisance de René pour son propre mal met sans doute cette œuvre au premier rang de celles que critique Gide.

3. Les dangers de la complaisance.

Les « chants désespérés » donnent-ils immanquablement lieu à la création d'œuvres littéraires dignes de ce nom ? La tristesse de son inspiration est-elle pour un ouvrage un signe infaillible de qualité ? On sait de quelle façon Flaubert se moque de la délectation que Madame Bovary trouve dans la douleur, au moment de la mort de sa mère : « elle fut intérieurement satisfaite de se sentir arrivée du premier coup à ce rare idéal des existences pâles, où ne parviennent jamais les œuvres médiocres. Elle se laissa donc glisser dans les méandres lamartiniennes ». Ces « méandres » romantiques lassent parfois, quand Musset déclare : « Ah ! laissez-les couler, elles me sont bien chères, / Ces larmes que soulève un cœur encor blessé ! », on ne peut s'empêcher de trouver qu'il « cultive » sa douleur avec un peu trop de soin. C'est que les Romantiques goûtent « cette volupté de la mélancolie » dont parlait Senancour, au tout début du XIXe siècle, dans *Oberman,* et que Gide est peut-être fondé à trouver malsaine.

II. La littérature et la joie.

1. La joie de la découverte du monde.

Si la littérature naît éventuellement du sentiment des dissonances de l'existence, elle est aussi, par sa nature même, regard sur les êtres, les objets. Ce regard peut être désabusé, mais il retrouve par ailleurs souvent face à la réalité la vision étonnée de l'enfant, dont l'habitude n'a pas encore émoussé les sens. Baudelaire lui-même est sensible au merveilleux de Paris, dans *Les Petits Poèmes en Prose ;* Apollinaire, dans *Zone,* voit de la poésie jusque dans le spectacle des êtres les plus démunis (cf. sa description des émigrants : « une femme transporte un édredon rouge comme vous transportez votre cœur »). Francis Ponge prête attention aux moindres choses de la vie quotidienne (« peler une pomme de terre bouillie de bonne qualité est un plaisir de choix »). Peut-être est-ce plus particulièrement du ressort de la poésie dc dévoiler la beauté de ce qui existe, par des rapprochements insolites par exemple (cf. Eluard : « Tes mains lieuses / Peuvent unir lumière et cendre / Mer et montagne... / Et le nuage le plus vague / La parole la plus banale / L'objet perdu / Force-les à battre des ailes »). En tout cas, si la conception de la littérature comme révélateur d'une beauté généralement ignorée est plus spécialement développée de nos jours, les écrivains n'ont pas attendu des déclarations théoriques pour laisser dans leur œuvre un écho des plaisirs de la vie (*cf.* les thèmes épicuriens de Ronsard), ou communiquer une vision optimiste de l'univers (*cf.* la confiance de Rabelais dans la nature humaine, qu'il exprime dans ses programmes d'éducation, ou dans l'épisode de Thélème ; son lyrisme exalte les possibilités de l'homme).

2. La joie de l'adhésion à des valeurs.

On a vu qu'il existe toute une littérature qui « remue des plaies ». Mais si Cocteau définit le beau livre comme « celui qui sème à foison des points d'interrogation », cela n'empêche pas la possibilité pour les écrivains qui en ressentent le besoin d'affirmer de grandes certitudes et d'échapper ainsi aux angoisses du doute ou de la désillusion. C'est par exemple le lyrisme d'un Claudel qui définit le monde comme « une immense matière qui attend le poète pour en dégager le sens et pour le transformer en action de grâces ». Comme le Moïse de son « Magnificat » (dans *Les Grandes Odes*), il semble — à certains moments du moins — qu'il n'y ait « point de doute et d'hésitation dans son cœur ». Il faudrait aussi étudier le lyrisme de Péguy. Les valeurs acceptées ainsi avec joie par certains écrivains ne sont d'ailleurs pas nécessairement religieuses ; elles peuvent correspondre à une profession de foi humaniste : *cf.* Malraux qui intitule son roman *L'Espoir,* espoir d'une victoire des conceptions qui sont les siennes, la fraternité par exemple, malgré toutes les difficultés rencontrées.

Car la joie peut n'être pas « donnée » telle quelle ; dans certains cas, elle n'ignore pas les problèmes liés à la condition humaine, mais, au lieu d'y trouver l'occasion de « cultiver la tristesse », elle les transcende. *L'Espoir,* après des récits très âpres de combats ou même d'échecs, fait place dans sa dernière page à l'audition par un des personnages d'une symphonie de Beethoven ; au rythme de la musique, Manuel revient sur sa vie, et prend conscience de « la possibilité infinie » du destin des hommes. On songe aussi à l'itinéraire de certains héros de Claudel, comme Rodrigue dans *Le Soulier de Satin,* qui ne conquiert la sérénité qu'après l'expérience de la souffrance due à l'impossibilité de son amour pour Prouhèze ; l'obstacle que constitue dans ces circonstances la religion est d'abord combattu, puis librement accepté. On évoquera aussi bien sûr les héros de Corneille qui, d'abord angoissés par le choix auquel ils doivent procéder, définissent la voie qu'ils doivent suivre, et s'y tiennent, dans l'exaltation d'une liberté qui est une victoire sur eux-mêmes. Polyeucte, déchiré au départ entre sa foi et son amour pour Pauline, parvient à la joie d'un engagement total (« Je le ferais encore si j'avais à le faire ») et, en dépit de sa mort, réussit même à englober Pauline dans sa certitude joyeuse, puisqu'elle se convertit.

Il faut préciser que ce dépassement, difficilement conquis, de la « tristesse », est le fait d'écrivains très différents (*cf.* par exemple Zola qui termine *Le Docteur Pascal* de façon optimiste, après avoir fait évoluer tous ses personnages dans une atmosphère très sombre). Grâce à cette façon dont la littérature affirme la victoire de l'homme sur tout ce qui pourrait entraîner sa « tristesse », elle évite l'écueil de l'optimisme béat, en vertu duquel elle pourrait méconnaître les rigueurs de la réalité.

CONCLUSION

On comprend l'irritation de Gide devant la complaisance pour la tristesse. Pourquoi d'ailleurs faire, comme Musset, du désespoir ou de la joie les critères de jugement d'une œuvre ? Il faut constater que, de toutes façons, la littérature étant une transfiguration du réel, elle enlève aux « chants désespérés » une part de leur acuité, en les parant d'une sorte d'auréole. Et ne peut-on parler, dans tous les cas, d'une joie attachée à la création en elle-même ? Du Bellay avait saisi cette notion, et disait dépasser ses déceptions grâce à son art :

« Je ne chante, Magny, je pleure mes ennuis,
Ou, pour le dire mieux, en pleurant je les chante,
Si bien qu'en les chantant, souvent je les enchante.
Voilà pourquoi, Magny, je chante jours et nuits. »

ACADÉMIE D'ORLÉANS

En vous appuyant sur des exemples précis, expliquez et discutez cette opinion d'Albert Thibaudet dans ses *Réflexions sur le roman* (1938) :

« Ou bien le roman fait découvrir au lecteur, dans la vie la plus humble, les mêmes puissances de noblesse et de tragique que dans les vies les plus illustres, les plus éclatantes, les plus dramatiques (...), ou bien il amène le lecteur à se dégonfler de ses illusions, à prendre conscience de sa misère, de son ridicule.

D'un côté il découvre à l'homme ordinaire sa grandeur, de l'autre il lui montre sa misère. »

Corrigé

PLAN SCHÉMATIQUE

I. Le roman découvre à l'homme ordinaire sa grandeur.

1. La grandeur des sentiments dans la vie humble.

Flaubert, dans *Un cœur simple,* se montre capable de ne pas fustiger la bêtise dont on aurait pu taxer Félicité, et découvre la valeur de cette « vie obscure ». Georges Sand, dans *La Mare au diable,* présente des êtres simples aux sentiments nobles. Jean Valjean, le forçat, se réhabilite par ses efforts. Les héros de Malraux ont une dimension tragique (cf. *La Condition Humaine,* où des hommes se sacrifient totalement au service d'une cause).

2. Une vision mythique de la vie ordinaire.

Balzac fait des figures tragiques de personnages quelconques (Birotteau ou le père Goriot). Zola exalte le thème de la Fécondité dans *La Faute de l'abbé Mouret ;* il fait du *Bonheur des Dames* « le poème de l'activité moderne », de *La Terre* « le poème vivant de la terre ». Dans *Jean le Bleu,* de Giono, des moissonneurs sont assimilés à des héros de l'*Iliade...*

II. La misère de l'homme.

1. Une peinture sans complaisance.

L'existence humaine est loin d'être idéalisée dans certains romans. *Germinie Lacerteux,* des frères Goncourt, ouvrage dont Zola disait qu'il faisait « entrer le peuple dans le roman », présente la lente dégradation de l'héroïne, à travers les épisodes successifs de sa vie. On assiste à la déchéance de Manon et de des Grieux dans *Manon Lescaut.* Julien Green s'intéresse à la misère morale de personnages médiocres, criminels même, presque tous désespérés, et qui paraissent condamnés sans appel *(Adrienne Mesurat, Leviathan,* etc.).

2. Un regard ironique.

Qu'on se reporte aux romans de Flaubert, de Maupassant (cf. *Une Vie,* qui raconte les désillusions de Jeanne, l'héroïne).

III. Une stylisation du réel.

Si le roman « fait découvrir » quelque chose à ses lecteurs, c'est qu'il n'est pas une peinture exacte de la réalité. Car « un personnage de roman est simplifié et construit » (André Maurois). Se reporter au corrigé du troisième sujet de l'académie de Rennes : la deuxième partie traite de l'aspect « mensonger » de ce genre.

CONCLUSION

Les remarques de Thibaudet concernent-elles un aspect capital de l'intérêt du roman ? L'essentiel est sans doute la création d'une œuvre d'art. « Je ne crois pas que le romancier doive créer *des personnages ;* il doit créer un monde cohérent et particulier, comme tout autre artiste », déclare André Malraux.

ACADÉMIE DE PARIS

En vous référant aux pièces de théâtre que vous avez lues, étudiées, ou vu jouer, dites les réflexions que vous inspirent ces remarques d'un directeur de troupe théâtrale :

« Notre volonté est de mettre sur scène la société, la présenter et provoquer vis-à-vis d'elle des regards critiques. C'est une fonction du théâtre. Elle n'est pas nouvelle. Molière l'avait bien compris. Mais dans le même temps, le théâtre doit être un lieu où se libèrent les forces de l'imagination, où s'organise le rêve. Ces deux fonctions ne sont pas contradictoires. »

Corrigé

INDICATIONS

Se reporter au corrigé du troisième sujet de l'académie de Bordeaux.

ACADÉMIE DE POITIERS

Il a été constaté récemment qu'un Français sur deux ne lit pas. Vous direz, d'après votre propre expérience de lecteur, de quels plaisirs se privent ceux qui ne lisent pas.

Corrigé

INDICATIONS

La lecture peut aider à compenser les limites de notre expérience personnelle ; elle éveille, semble-t-il aussi, notre désir de communication avec les autres hommes. Mais cet apprentissage particulier du monde ne doit pas être simple accumulation de connaissances. Il faut aborder la lecture avec un esprit critique. Par ailleurs, l'attrait essentiel de la lecture est sans doute dans le fait qu'elle donne l'accès à un monde « à part » : elle constitue un divertissement, qui procure une évasion ; elle ouvre — quand il s'agit du moins de livres qui présentent un intérêt esthétique — à un monde qui a ses lois propres, que nous pouvons avoir plaisir à voir fonctionner. L'œuvre est un écart par rapport au réel, et la lecture fait goûter le plaisir de cette métamorphose.

ACADÉMIE DE REIMS

A l'aide d'exemples tirés de vos lectures ou puisés dans d'autres domaines artistiques, vous commenterez et vous discuterez ces propos d'Alfred de Vigny, dans la préface de son roman *Cinq Mars* (1826) :

« A quoi bon les Arts, s'il n'étaient que le redoublement (...) de l'existence ? Eh ! bon Dieu, nous ne voyons que trop autour de nous la triste et désenchanteresse réalité : la tiédeur insupportable des demi-caractères, des ébauches de vertu et de vices, des amours irrésolues, des haines mitigées, des amitiés tremblotantes, des doctrines variables, des fidélités qui ont leur hausse ou leur baisse, des opinions qui s'évaporent ; laissez-nous rêver que parfois ont paru des hommes plus forts et plus grands, qui furent des bons ou des méchants plus résolus ; cela fait du bien. Si la valeur de votre VRAI nous poursuit dans l'Art, nous fermerons ensemble le théâtre et le livre pour ne pas le rencontrer deux fois. »

Alfred de Vigny, « Réflexions sur la vérité dans l'art »,
Préface (1827) à *Cinq-Mars* (1826).

INDICATIONS

Le problème rejoint d'une certaine façon celui du « mensonge vrai », auquel fait allusion le sujet de Rennes. Si l'art voulait être « vrai », il se cantonnerait dans ce « redoublement de l'existence », dont Vigny note qu'il peut être très fade. Mais il doit procéder à une stylisation du réel ; ainsi, il peut procurer une forme « noble » d'évasion, par la beauté qu'il propose (*cf.* « laissez-nous rêver... »).

ACADÉMIE DE RENNES

« Le mensonge vrai est le domaine du romancier. »
Vous analyserez et commenterez cette citation de Marthe Robert, en vous interrogeant en particulier sur sa formulation paradoxale, formulation qui vise à définir le genre littéraire romanesque.

Corrigé

REMARQUE

C'est dans l'introduction qu'on s'interrogera sur le paradoxe apparent de cette formulation. On aura à l'esprit les constatations de Valéry — non dépourvues d'une certaine perfidie, puisque cet auteur n'aimait pas les romans : « L'apparence de '' vie '' et de '' vérité '', qui est l'objet des calculs et des ambitions du romancier, tient à l'introduction incessante d'observations, — c'est-à-dire d'éléments reconnaissables, qu'il incorpore à son dessein. Une trame de détails véritables et arbitraires raccorde l'existence réelle du lecteur aux feintes existences des personnages ; d'où ces simulacres prennent assez souvent d'étranges puissances de vie qui les rendent comparables, dans nos pensées, aux personnages authentiques. » On voit que pour lui l'impression de vérité n'est pas fondée objectivement, et qu'il insiste sur l'aspect de « simulacre » des romans.

PLAN DÉTAILLÉ

I. « Vérité » du genre romanesque.

1. Il est plus proche du réel que d'autres genres.

Que la poésie ou le théâtre tombent sous le coup de l'accusation de « mensonge », on ne s'en étonnera pas. Leur forme particulière, les thèmes qu'ils traitent, les éloignent sans doute de la réalité. Mais en dira-t-on autant du roman ? Jules Romains, dans la préface des *Hommes de Bonne Volonté,* oppose les « servitudes » et les « conventions » théâtrales, qui conduisent tout auteur dramatique au mensonge, à la liberté du romancier. Celui-ci, ayant moins de conventions à respecter, n'est pas par conséquent tenu de mentir. D'ailleurs, les auteurs de romans proclament souvent leur effort vers la vérité. C'est Balzac qui se veut « secrétaire de la société », Stendhal qui parle du roman comme d'un

« miroir », Zola qui refuse l'idéalisation, pour être plus proche de la réalité.

2. Une étude des passions humaines.

D'autres genres s'intéressent à la psychologie de l'homme, mais le roman, grâce à sa longueur, peut avoir plus de précision. Le théâtre, par exemple, montre un moment de crise ; dans un roman, les passions peuvent être vues dans leur développement (*cf.* la naissance de la passion entre Fabrice et Clélia dans *La Chartreuse de Parme,* et les aventures qui s'ensuivent, ou l'évolution qui conduit la princesse de Clèves au renoncement total).

3. Un ancrage dans la réalité.

Celui-ci n'est pas toujours le fait de la poésie, par exemple. Il se manifeste dans le roman par plusieurs éléments :

• Une situation dans le temps : les romanciers délimitent la période dont ils traitent. Pour Balzac, *Le Lys dans la Vallée,* ce sont « les Cent Jours vus d'un château de la Loire » ; *La Chartreuse de Parme* peint une petite cour italienne aux environs de 1820, *Le Rouge et le Noir* est un roman qui se déroule sous la Restauration. Madame de Lafayette a bien l'intention de reconstituer une époque, dans ses détails, et les références historiques ne manquent pas dans *La Princesse de Clèves* (sièges, expéditions militaires, mariages à la cour). Les personnages présentés sont en général bien de leur temps ; ainsi Lucien de Rubempré, dans *Les Illusions perdues,* qui se lance dans le journalisme, dans un monde politique divisé par les conflits d'intérêts.

• Des descriptions précises : on ne peut bien sûr à ce sujet éviter de citer Balzac, qui campe ses personnages dans un cadre qu'il a soin de détailler afin, semble-t-il, qu'on n'ait aucun doute quant à la vérité de l'aventure qui va s'y dérouler. Il est vrai qu'il explique ses descriptions par le rapport entre « l'architecture » (au sens large), et « les événements de la vie humaine » (*cf.* le début de *La Recherche de l'Absolu,* où il proclame, contre ses détracteurs, l'importance du cadre, et étudie la maison Flamande et ce en quoi elle correspond au caractère de ses habitants). Mais ces précisions (*cf.* aussi la peinture de la pension Vauquer dans *Le Père Goriot*) donnent aussi aux romans « l'épaisseur » du réel ; on n'est pas dans un monde désincarné. Si Balzac représente un sommet en la matière, d'autres, comme Stendhal, s'attachent aux « petits faits vrais », ou n'hésitent pas à décrire la réalité dans sa laideur (*cf.* Zola).

Ce désir, bien légitime, de camper des personnages dans leur propre histoire et dans leur temps, avec le plus d'exactitude possible, a été porté à la hauteur d'une théorie par le réalisme et le naturalisme. C'est l'espoir d'un roman tellement vrai qu'il sera « expérimental » ; le domaine du romancier serait alors plus proche du savoir que du mensonge. On pense à Zola qui retrace l'histoire d'une famille sous le second Empire, en marquant avec soin l'influence de l'hérédité. Le but est de se rapprocher le plus possible de la réalité. Mais ce but est-il atteint, et une telle ambition n'est-elle pas démesurée ?

II. Le mensonge romanesque.

1. L'impossible vérité.

On se reportera avec profit aux déclarations de Mauriac dans *Le Romancier et ses personnages* (qu'on pourra développer à l'aide de quelques exemples personnels) : « Je ne crois pas qu'aucun artiste réussisse jamais à surmonter la contradiction qui est inhérente à l'art du roman.

D'une part, il a la prétention d'être la science de l'homme — de l'homme, monde fourmillant qui dure et qui s'écoule, — et il ne sait qu'isoler de ce fourmillement et que fixer sous sa lentille une passion, une vertu, un vice, qu'il amplifie démesurément : le père Goriot ou l'amour paternel, la cousine Bette ou la jalousie [...]. D'autre part, le roman a la prétention de nous peindre la vie sociale, et il n'atteint jamais que des individus après avoir coupé la plupart des racines qui les rattachent au groupe... »

2. Une vision du monde.

L'observation de la réalité ne peut donc pas être objective. Cela explique que l'on sente la présence de l'écrivain derrière ses héros. Stendhal a beau affecter le détachement, il éprouve une sorte de tendresse à l'égard de Fabrice, et on peut penser qu'ils ont en commun cette quête du bonheur qu'on perçoit dans *La Chartreuse de Parme*. Le romancier marque de sa mentalité les aventures qu'il retrace ; Balzac exprime un certain optimisme dans quelques-uns de ses ouvrages où les héros sont animés d'un état d'esprit conquérant (*cf.* Rastignac ou Lucien de Rubempré). C'est en considération de son œuvre que l'on pourrait dire avec Hegel que le roman est « la moderne épopée bourgeoise ». Flaubert, au contraire, imprègne ses créations de la désillusion qui est la sienne (*cf.* la médiocrité et les déceptions de Madame Bovary ou de Frédéric Moreau dans *L'Éducation Sentimentale*).

3. L'organisation d'une œuvre d'art.

« Raconter tout serait impossible, déclare Maupassant dans la préface de *Pierre et Jean,* [...] un choix s'impose donc — ce qui est une première atteinte à la théorie de toute la vérité [...]. L'art consiste à [...] mettre en pleine lumière, par la seule adresse de la composition, les événements essentiels et à donner à tous les autres le degré de relief qui leur convient. » La notion même d'œuvre d'art suppose une organisation, qui n'est pas celle du réel. On peut déceler cette intervention de l'écrivain dans différents procédés :

• Le rythme d'un roman n'est évidemment pas celui de la vie. Le théâtre classique, lui, prétend présenter quelques heures d'une existence ; la représentation étant courte, c'est déjà une gageure. Le roman n'a aucune chance d'être un reflet de la vie ; ce n'est pas en quelques centaines de pages qu'on peut retracer plusieurs années, à moins qu'on n'adopte des allures particulières, modulées selon ce qu'on veut exprimer. La narration peut couvrir une très longue période en quelques lignes : *cf.* dans *Eugénie Grandet,* « cinq années passèrent sans qu'aucun événement marquât dans l'existence monotone d'Eugénie et de son père », ou dans *La Chartreuse de Parme* la fin très rapide, ou encore, dans les dernières pages de *L'Éducation Sentimentale,* le « il voyagea » qui rend compte de plusieurs années de la vie de Frédéric. D'autres fois, le romancier peut donner une impression de ralenti en insistant sur quelques grands moments (par exemple, dans *L'Éducation Sentimentale,* le début, où le temps paraît aller au rythme de la Seine, les imparfaits et les participes présents retardant le récit, ou bien le bal chez Rosanette). Enfin, au milieu de tout le reste, les dialogues ont l'allure même de la vie. C'est donc là la liberté du romancier, qui donne un sens à un petit épisode, et en néglige une foule d'autres.

• Le grossissement auquel se livre le romancier fait de certains personnages des types (*cf.* la phrase de Mauriac citée précédemment). Birotteau, petit commerçant qui ne peut payer ses dettes, devient intéressant à partir du moment où Balzac a l'idée d'en faire le « martyr de la probité commerciale ». La dimension épique qu'il y gagne n'est pas le fruit de la reproduction de la vérité, mais celui de l'art.

• Le roman crée des destins, là où, dans la vie, on ne verrait qu'une suite d'événements. Camus remarque : « Les héros ont notre langage, nos faiblesses, nos forces. Leur univers n'est ni plus beau ni plus édifiant que le nôtre. Mais eux, du moins, courent jusqu'au bout de leur destin. » Et il souligne que Madame de Lafayette a peut-être tiré *La Princesse de Clèves* de sa propre expérience. Mais sa vie n'a pas connue d'issue aussi décisive que l'entrée au couvent. Le romancier mène ses personnages, et donne un sens à leur vie — quand bien même d'ailleurs celle-ci n'aurait pas de sens : Flaubert par exemple souligne, par l'éparpillement des scènes, l'absence de but de Frédéric ; c'est bien grâce à l'organisation du roman qu'on remarque que cette vie n'a pas de ligne directrice, chose que la simple observation du réel n'aurait sans doute pas permis de dégager.

4. La liberté du romancier.

Si une reproduction vraie de la réalité est impossible, si on perçoit toujours la présence de l'auteur dans la mentalité qui sous-tend le roman et dans l'organisation des faits à laquelle il procède, le « mensonge » est donc bien le « domaine du romancier ». Celui-ci revendique d'ailleurs parfois son droit au mensonge, comme le fait Diderot dans *Jacques le Fataliste*. Cet écrivain souligne bien qu'il mène son héros où il veut, qu'il pourrait aussi conduire une quantité d'aventures différentes, toutes aussi fantaisistes les unes que les autres. Ses intrusions constantes dans le cours du récit ne permettent pas à un lecteur de penser qu'il découvre une aventure « vraie ». Cette œuvre constitue un exemple-limite de la liberté du romancier. Mais elle a le mérite de faire ressortir que, assumé comme chez Diderot, ou nié, le mensonge est toujours le lot du romancier. Et ceci est vrai également des romanciers naturalistes : leur prétention à l'exactitude n'écarte pas en fait de leur œuvre le mensonge ainsi conçu (*cf.* par exemple les passages épiques de Zola).

CONCLUSION

La formule de Marthe Robert paraît heureuse, en ce qu'elle unit les deux aspects contradictoires de la création romanesque. Si en art le roman n'a pas l'exclusive du mensonge, son but est peut-être plus particulièrement que les autres genres l'approche de la vérité. Mais malgré les efforts du romancier, on a vu que le mensonge est inévitable ; on peut même dire qu'il est fécond, puisqu'il engendre une écriture qui se distingue de celle du récit historique. En cela consiste même l'intérêt d'un roman, plutôt que dans l'obtention d'une vérité illusoire. « Il s'agirait, dit Mauriac à propos du romancier, de se résigner à ne plus faire concurrence à la vie. » On pourrait ajouter en effet, avec Gombrich, un critique, que dans tout art « la créativité passe avant la ressemblance ».

ACADÉMIE DE ROUEN

Alain Robbe-Grillet constate [1] :
« Un roman, pour la plupart des amateurs — et des critiques —, c'est avant tout une '' histoire '' (...) Le jugement porté sur le livre consistera surtout en une appréciation de la cohérence de l'intrigue, de son déroulement, de son équilibre, des attentes ou des surprises qu'elle ménage au lecteur haletant. »

En appuyant votre réflexion sur des exemples précis tirés de grandes œuvres de la littérature, vous vous demanderez si cette conception de l'art romanesque est juste, suffisante, et si elle convient à tous les romans, passés ou contemporains.

Corrigé
INDICATIONS

Se reporter au corrigé du troisième sujet de l'académie de Lyon.

ACADÉMIE DE STRASBOURG

A un mendiant aveugle, rapporte Roger Caillois dans son *Art Poétique*, à qui les passants ne donnaient presque rien, un inconnu fit soudain gagner beaucoup d'aumônes, en remplaçant simplement sur sa pancarte « aveugle de naissance » par « le printemps va venir, je ne le verrai pas ».

« Voilà, commente l'auteur, le début de la littérature. »

Vous partirez de cette anecdote pour réfléchir sur ce qui différencie la littérature de l'information.

Corrigé
INDICATIONS

La seconde pancarte du mendiant aveugle gagne son efficacité du fait qu'elle met en jeu un pathétique que ne pouvait soulever une simple définition (« aveugle de naissance »). La formulation suppose une opposition entre la gaîté du printemps et la tristesse de l'aveugle. La situation est exprimée sous une forme quasi poétique.

On se reportera, pour traiter ce sujet, au corrigé du troisième sujet de l'académie de Lyon, qui oppose l'intérêt simplement anecdotique d'un

---

1. *Pour un nouveau roman*, 1963.

roman (ce qu'on appelle ici « l'information ») à son intérêt littéraire. Il faudra donc élargir la perspective, puisqu'il s'agissait seulement du roman, alors qu'ici il est question de toute la littérature. On prendra des exemples dans la poésie, dont le sujet peut parfois être très réduit. Il existe bien une poésie qui « informe » (poésie de circonstance, didactique, poésie « engagée »), mais d'autres vers sont purement « gratuits » (*cf.* les poèmes du Parnasse, de Mallarmé...). Ce n'est pas sur des critères d'utilité qu'on juge la poésie. Le premier but de la littérature ne réside pas dans l'information, comme semblerait l'indiquer l'anecdote rapportée par Roger Caillois, mais avant tout dans la création d'une forme de beauté.

ACADÉMIE DE TOULOUSE

« Un des lieux communs qu'on rabâche dans certains milieux, c'est que désormais la littérature n'aura plus à jouer qu'un rôle secondaire ; l'avenir est au cinéma, à la télévision : à l'image. Je n'en crois rien. (...) L'image sur l'instant nous envoûte ; mais ensuite elle pâlit et s'atrophie. Les mots ont un immense privilège : on les emporte avec soi. Si je dis : '' Nos jours meurent avant nous '', je recrée en moi avec exactitude la phrase écrite par Chateaubriand. »

Partagez-vous cette opinion de Simone de Beauvoir qui accorde aux mots un privilège sur les images ? Vous appuierez votre argumentation sur des exemples précis et personnels.

Corrigé

INDICATIONS

On notera d'abord la puissance de l'image, et la fascination qu'elle exerce : elle est facile à comprendre, est pleine d'une vie immédiate. Alors que dans toute œuvre écrite, les descriptions sont lentes, les types humains se dégagent progressivement. En outre, l'image est précise. Mais l'écrit a l'immense avantage de laisser au lecteur toute sa liberté : il peut imaginer tout ce qu'il désire, à partir de simples mots, et il a plaisir à revenir sur certaines pages. Finalement, il est davantage « marqué » par une œuvre où il a mis plus de lui-même.

TABLE THÉMATIQUE[1]

PROBLÈMES LITTÉRAIRES

• *La réflexion sur la littérature*
— La littérature est expression, création, art : 32 — La lecture : greffer des sens nouveaux sur une œuvre : 22 — Tristesse et littérature : 124, 147 — Les rapports entre la création et l'enfance : 145.

• *La fonction de la littérature*
— Le divorce entre la littérature et la vie : 130 — L'écrivain doit-il présenter une image idéale de la vie ? : 137 — Les plaisirs de la lecture : 20, 152 — L'intérêt d'une œuvre d'art ne se limite pas à l'anecdote : 137, 157 — L'art : une stylisation du réel : 152, 153 — La littérature s'adresse-t-elle à l'élite, ou à la masse : 124, 140 — Littérature et morale : 11 — La littérature engagée : 144.

• *Le théâtre*
— Il n'est pas le pays du réel, mais du vrai : 125 — Ses deux fonctions contradictoires : 127, 151.

• *La poésie*
— Un moyen de connaissance : 136.

• *Le roman*
— Ce qu'il fait découvrir au lecteur : 150 — Un mensonge vrai : 153.

• *Le livre et l'image*
— Le privilège des mots : 158 — Roman et cinéma : 30.

• *Problèmes particuliers*
— Les contes : 130 — Le thème du monstre : 131 — La guerre : 132.

VIE MODERNE

• *L'apport des techniques*
— Sciences et média : 58 — Le tourisme dans la société de consommation : 7 — Le loisir : 42 — La photographie : 51.

• *La culture*
— L'écrit : une contrainte ? : 17 — Les pièges du langage : 39 — Le repli du français : 47 — La critique artistique : 34.

• *Problèmes moraux*
— Le féminisme : 13, 57 — Un idéal d'esprit critique : 26 — L'éducation : a) mettre en état de vérité : 46 ; b) certaines carences de l'enseignement : 54 — Société moderne et changements constants : 63 — Les sectes : 61 — L'astrologie : 65.

---

1. Cette table ne concerne que les 1er et 3e sujets.

Imprimé en France.
Berger-Levrault, Nancy — 779559-9-83.
Dépôt légal : septembre 1983.